DIESER HOCHZEITSPLANER

gehört

__________ & __________

UND UNSERE HOCHZEIT
FINDET AM

____

statt

ISBN: 9798655540002

Green Wedding Pirates

Der Hochzeitsplaner & Ratgeber

Brautgeflüster

Der Hochzeitsplaner & Ratgeber

Verliebt. Verlobt. FAIRheiratet

Green Wedding Pirates

Inhaltsverzeichnis

Einleitung

Glückwunsch!

Bald stehst Du vor dem Traualtar. Vermutlich vergehen noch ein paar Wochen, wenn nicht gar Monate, bis Du auf dem Standesamt unterschreibst. Eine Hochzeit als Braut zu erleben, gehört mit zu den schönsten Herzens-angelegenheiten, die Dir das Leben schenken kann.
Findet jetzt nicht eine besonders spannende Zeit statt? Vorfreude ist die schönste Freude!

Sicherlich bist Du schon ein wenig nervös vor dem Termin der Hochzeit. Sitzt das Kleid perfekt? Welchen Blumenschmuck sollte man auswählen? Was ist, wenn etwas schiefgeht? Wie sieht es mit dem passenden DJ aus? Welche Gäste müssen unbedingt eingeladen werden? Wie ist wohl das Wetter an der Hochzeit? Fragen über Fragen....

Diese Fragen und zahlreiche weitere mehr be-antwortet Dir dieser Ratgeber und Hochzeitsplaner. Von der Pike auf informiert er Dich über alles, was rund um Deine Hochzeit wichtig ist. Das Jawort bedeutet: Du triffst eine wichtige Entscheidung für Dein ganzes Leben.

Tröste Dich: Dein Liebster an Deiner Seite ist vermutlich ähnlich nervös wie Du. Ganz nach dem Motto „Gemeinsam sind wir stark“ kannst Du jetzt schon mit Deinem Partner alle Angelegenheiten rund um die Heirat planen.

Dann gibt es sie aber doch: die „kleinen Geheimnisse“ einer Braut. Egal, ob Hochzeitskleid, Haarschmuck oder die ein oder andere Überraschung mehr: Es sind die wunderschönen Momente, die eine Hochzeit so unverwechselbar machen. Überrasche Deinen Liebsten. Sorge selbst für Deinen besonderen Moment, indem Du den schönsten Tag Deines Lebens mit Sorgfalt planst. Suche Dir Verbündete, zum Beispiel Deine Trauzeugin. Wetten, dass dann Deine Hochzeit zum schönsten Tag Deines Lebens wird?

Neben den Formalitäten auf dem Standesamt sowie vielen organisatorischen Aufgaben mehr ist es wichtig, die Hochzeit zu genießen. Eure Gäste sollen ihre Freude mit euch teilen. Ihr als frisch gebackenes Ehepaar sollt Spaß an eurem Feste haben.

Dazu gehört es, dass rund ums Catering für alles wichtige gesorgt ist. Ebenso sollte der Sektempfang stimmungsvoll verlaufen. Wie sieht es mit Musik, Gestaltung der Trauung sowie der Unterbringung der Gäste aus? Du siehst: Schon vor dem großen Fest gibt es jede Menge zu tun. Viele Angelegenheiten darfst Du so früh wie möglich organisieren. Mit anderen Dingen wiederum kannst Du Dir etwas Zeit lassen. Fest steht allemal: Je strukturierter Du Deine Hochzeit planst, desto besser! In diesem Handbuch findest Du alles Wissenswerte rund um dieses Thema. Pflücke Deinen Tag.

Habe schon jetzt Freude daran, in diesem Ratgeber alles mitzuschreiben, was rund um die Herzens-Entscheidung wichtig ist. Übrigens: Dieses Buch ist zwar primär für die Braut geschrieben, doch es ist jeder herzlich Willkommen, es zu lesen. Auch Du als Bräutigam darfst Dich gerne aufgefordert fühlen, in diesem Ratgeber wichtige Tipps und Tricks für die Hochzeitsvorbereitungen zu erfahren. Natürlich sind zudem gleichgeschlechtliche Partner, die amtlich „Ja“ zu-einander sagen, mit den Ideen in diesem Buch bestens versorgt. Die Entscheidung, zu heiraten, ist eine ganz besondere in Deinem Leben. Meist kommt sie nur ein einziges mal vor. Mehr denn je solltest Du die Vorbereitungen und die Hochzeit selbst vollumfänglich genießen – und das aus tiefem Herzen! Damit Dir das gelingt, ist dieses Buch als Lektüre zum Mitschreiben gedacht. Du darfst Dir darin alles notieren, was rund um Deine Heirat wichtig ist. Betrachte diese Lektüre als Individuum in Sachen Eheschließung. Zusammen mit Deinem Liebsten dient sie als besonderes Arbeitsbuch, damit die Hochzeit zum unvergesslichen Erlebnis wird.

„Es gibt nur zwei Tage im Jahr, an denen man nichts tun kann. Der eine ist Gestern, der andere ist Morgen. Dies bedeutet, dass heute der richtige Tag zum Lieben, Glauben und in erster Linie zum Leben ist.“

- Zitat von Dalai Lama -

Du siehst: Heute ist der richtige Tag, damit Du schon in Gedanken Deinen großen Tag planst. Freue Dich auf das wunderschöne Erlebnis, als Braut vor den Altar zu treten. Visualisiere alles, was Du als Hauptperson bei der Eheschließung nicht vergessen darfst.

Schriftlichkeit schafft Verbindlichkeit. Egal, wann Du die Ringe mit Deinem Liebsten tauschen wirst: Es ist nie zu früh, mit den Hochzeitsvorbereitungen zu beginnen.

Willkommen!

Willkommen als Braut in diesem Buch. Dieser Ratgeber dient für alle, die rund um die Hochzeit nichts vergessen möchten. Vielleicht wirst Du ihn irgendwann Deinen Kindern zeigen?

Bleibe beim Mitschreiben authentisch. Was spricht dagegen, sich jetzt schon einen Kugelschreiber zu suchen, damit Du mit Vorfreude Deine Hochzeit planst?

Übrigens: Der Einfachheit halber wird in der Lektüre von der Braut gesprochen, egal, wer das Buch auch in Händen hält.

Kapitel 1

Aus Ich & Du wird Wir

– der entscheidende Moment!

Gänsehaut pur! Endlich sagt ihr amtlich „Ja“ zu-einander. Ist es nicht der spannendste Moment, den Du nach dem Heiratsantrag Deines baldigen Ehemannes kaum mehr erwarten kannst? Sicherlich gehen Dir jetzt schon Dinge durch den Kopf: „Hoffentlich geht alles gut“, „Ich wünsche mir so sehr, dass die Sonne scheint“ oder „Habe ich auch wirklich nichts vergessen?“ Tröste Dich – das ist ganz normal. Damit alles reibungslos verläuft, solltest Du vor allem einen wichtigen Faktor beachten: Gehe mit Freude und positiver Energie an die Planung heran. Kein Mensch muss sich in Stress versetzen. Eine wunderschöne Angelegenheit in Deinem Leben erfordert eine positive Einstellung. Wer mit optimistischer Energie in den schönsten Tag des Lebens startet, findet auch Freude an allen Vorbereitungen. Das ist Arbeit, die Spaß macht!

Schon Monate vor dem großen Tag solltest Du Dir einige Checklisten zusammenstellen. Warum ist es so wichtig, jedes Detail zu notieren? Sicherlich wünschst Du Dir nichts sehnlicher, als dass bei der Hochzeit alles reibungslos funktioniert. Deshalb ist es wichtig, so früh wie möglich mit der Planung zu beginnen. Hochzeitsband, DJ, Chor, gute Location und Co sind oftmals sehr früh ausgebucht.

Gerade, wenn Du in den typischen Hochzeitsmonaten (Frühjahr und Spätsommer) vor den Traualtar treten möchtest, sind viele Pfarrer, gute Restaurants oder Künstler vielleicht schon anderweitig verplant. Deshalb zählt: Zeige, dass Du rechtzeitig aktiv wirst. Buche den besten DJ, den Du kennst, ruhig ein Jahr im voraus. Wenn er Dir selbst an einer Hochzeit aufgefallen ist, lasse Dir sofort seine Visitenkarte geben.

Was spricht dagegen, die Gäste rechtzeitig ein-zuladen? Je eher Du planst, desto größer die Chancen, dass Du genau die Leute um Dich hast, die Du Dir wünschst. Schließlich möchtest Du diesen besonderen Moment mit den Menschen teilen, die Dir ganz besonders nah am Herzen liegen!

Natürlich ist es das A und O, dass Du an Deiner eigenen Hochzeit die schönste Frau der Welt bist. Deshalb ist das richtige Outfit wichtig. Weihe rechtzeitig Deine Trauzeugin ein, damit sie Dir beratend zur Seite steht. Warum sollte sie Dich nicht bei der Shoppingtour rund ums Brautkleid begleiten? Es ist sicherlich Ehrensache, dass Du in ihr gute Unterstützung erfährst. Vom Brautschuh über Schleier bis hin zu Frisurberatung, Accessoires und natürlich das richtige Kleid: Reserviere so rechtzeitig wie möglich einen Termin im Brautmodengeschäft und bei deinem Friseur.

Green Wedding Pirates Tipp:

Trauzeugin zu sein bedeutet, ein wunderschönes Ehrenamt zu erfüllen. Suche Dir die Trauzeugin aus, die dieser Herzensangelegenheit voll und ganz gerecht wird. Mit ihr kannst Du gemeinsam bei einem Mädels-Abend viele Details der Hochzeit planen. Natürlich ist Dein Schatz, der Bräutigam, der erste Ansprechpartner rund um die Planung vom Jawort. Trotzdem ist es immer etwas anderes, mit der besten Freundin über besondere Momente zu plaudern. Hier haben Gefühle freien Lauf. Wähle deshalb die Trauzeugin aus, der Du Dein ganzes Vertrauen schenkst. Frage sie, ob sie diese Aufgabe übernehmen möchte. Schenke ihr, wenn Du sie um dieses würdevolle Amt bittest, mein Partnerbuch „Plötzlich Trauzeugin“. Stoße als Braut mit einem Glas Sekt mit Deiner Trauzeugin an. Es gibt Dinge, die müssen einfach gefeiert werden!

Der erste Gedanke, der nach dem Heiratsantrag entsteht, ist meist die Frage: „Wie möchten wir denn genau feiern?“ bzw. „In welchem Rahmen sollten wir heiraten?“ Zu diesem Punkt solltest Du Dir vor allem mit Deinem Partner einig werden.

Wenn Ihr zwei eure ganz persönliche Hochzeit plant, schweißt dies noch zusätzlich zusammen. Dieses Projekt werdet Ihr niemals in Eurem Leben vergessen.

Im ersten Schritt empfehle ich Dir, die wichtigsten Personen rund um Deine Hochzeit über den entscheidenden Schritt zu informieren. Dazu gehören Eltern, Geschwister, Trauzeugen und Brautjungfern.

Bevor es mit einer detaillierten Checkliste mit den schriftlichen Hochzeitsvorbereitungen beginnt, kannst Du mit Deinem Partner „die ganz spezielle Version der Hochzeit“ in diesem Ratgeber festlegen. Nichts ist schließlich so individuell wie eine Hochzeit. Egal, ob Du die Flitterwochen nach dem Jawort planen möchtest oder euch als Paar die Hochzeitstorte besonders wichtig ist: Überlegt euch, mit welchem Budget Ihr heiraten möchtet. Danach richten sich die Rahmenbedingungen. Soll es einen Polterabend, eine große Zeremonie in der Kirche oder einen Dresscode für die Hochzeitsgesellschaft geben? Anhand der nächsten Kapitel kannst Du Dir mit vielen Notizen selbst eine Struktur schenken. Schreibe Dir dazu alles, auf, was Euch als Paar wichtig ist. So gehen keine wichtigen Inhalte verloren.

„Die einzige Begrenzung, das Morgen zu verwirklichen, werden unsere Zweifel von heute sein.“

- Zitat von Franklin D. Roosevelt (1882-1945) -

Du siehst: Solltest Du Zweifel haben, dass rund um Deine Hochzeit ein paar Dinge nicht funktionieren könnten, ist das ganz normal. Der Schlüssel zum Erfolg liegt daran, alle inneren Ängste loszulassen. Eine Hochzeit ist ein Geschenk. Pflege und hege es. Freue Dich, Deiner Liebe den öffentlichen Segen zu geben.

Kapitel 2

Die erste grobe Checkliste

– für eure Hochzeit!

Wann solltest Du mit einer Grundsatz-Liste rund ums Ja-Wort beginnen?

Die meisten Menschen sind nach dem Heiratsantrag erst einmal so richtig aufgewühlt und ein wenig nervös. Nach diesem freudigen Ereignis muss jede Braut Ihren aufgeregten Herzschlag erst einmal wieder „zur Ruhe bringen." Sicher hat Dir Dein Liebster einen ganz besonderen Heiratsantrag geschenkt, den Du ein Leben lang nicht vergessen wirst. Das ist auch gut so.

Nachdem Deine ersten Freudentränen und all die große Aufregung vorüber sind, darfst Du nun mit den Planungen beginnen. Je eher, desto besser. Es gibt Dinge, die können nicht früh genug organisiert werden. Deshalb sind in dieser Basis-Checkliste viele Möglichkeiten vorgestellt, die beim Jawort für Dich wichtig sein könnten. Da jedes Fest eine ganz individuelle Angelegenheit ist, kann die Checkliste nur einen Anhaltspunkt liefern. Sei zudem selbst kreativ – es geht um Deine Zukunft mit Deinem Schatz!

Was könntest Du nun auf Deine persönliche Checkliste schreiben, damit Du rund um die Hochzeitsplanung nichts vergisst?

- Das wichtigste rund um die Feierlichkeiten sind alle Formalitäten beim Standesamt. Melde die Trauung rechtzeitig an. Sprecht zusammen mit dem Standesbeamten (bzw. Kollegen) alle Angelegenheiten durch, die wichtig sind. Dazu gehört die Namensänderung, die ggf. stattfindet, sowie die passende Wahl des Familienstammbuches und vieles mehr.

- Wie sieht es mit den Eheringen aus? Idealerweise weißt Du Ringgröße und alle Vorlieben, die dieses besondere Schmuckstück ausmachen. Ein Ehering ist unvergänglich. Deshalb sollte er zu Mann und Frau passen. Bestelle die Trauringe so rechtzeitig wie möglich. Besondere Gravuren und Steine schmücken den Ehering – und das ein ganzes Leben lang.

- Plane, wenn Ihr kirchlich heiratet, das Gespräch mit dem Pfarrer. Nehme Dir Zeit dafür, das der Trauspruch nach dem Motto „Hand in Hand ein Leben lang“ zu euch passt. Was Ihr mit dem Priester besprecht, soll euch in guten wie in schlechten Zeiten unterstützen. Je mehr der Pfarrer außerdem über das Hochzeitspaar weiß, desto individueller kann er die Zeremonie gestalten. Das sind die Momente, die für Gänsehaut pur und Freudentränen sorgen.

- Das Budget rund um alle Feierlichkeiten, die geplant werden, ist wichtig. Eine Hochzeit kostet Geld. Du solltest damit in keinem Falle den Rahmen sprengen. Diskutiere mit Deinem Partner, welche Summe Ihr für Euer Jawort (mit allen Möglichkeiten) aufbringen möchtet. Schreibe Dir schon beim Gespräch mit den einzelnen Veranstaltern auf, wie der Kostenvoranschlag aussieht. Danach erst solltest Du mit der detaillierten Planung beginnen.

Green Wedding Pirates Tipp:

Die meisten Paare wünschen sich Geldgeschenke. Einen Teil des investierten Betrages wirst Du vermutlich von den Gästen dadurch wieder zurückerhalten. Zudem steuern Brauteltern oft bei einer Hochzeit eine recht stattliche Summe bei. Inwiefern Du diese mit einkalkulieren möchtest, bleibt Dir überlassen.

- Wer darf Trauzeugin bzw. Trauzeugin sein? In meinem Partnerbuch „Plötzlich Trauzeugin“ erfährst Du alles, was rund um die Einweihung der Zeugen wichtig ist. Schenke das Buch am besten gleich her, wenn Du Deine Trauzeugin darum bittest, diese Herzensangelegenheit zu übernehmen. Wähle außerdem Blumenkinder, Brautjungfern und andere Personen aus, die rund um Deine Heirat wichtig sind.

- Pinterest: Hier kannst Du Dir geniale Ideen rund um Deine Hochzeit sammeln. Egal, ob Deko, Optionen für den Blumenschmuck, wunderschöne Tischkarten oder das richtige Outfit für Braut, Bräutigam und Blumenkinder: Sammle viele Ideale, indem Du Dich von wunderschönen Bildern inspirieren lässt. Achte darauf, dass Du Deine Hochzeits Pinnwand unter den Einstellungen privat setzt. So kannst nur Du den Personenkreis Zugang geben, den Du dafür freischaltest und Dein Liebster kann dadurch auch nur ausgewählte Inspirationen sehen. Denn Bilder sagen oft mehr als 1000 Worte!

- Schreibe Dir auf, wer auf Deine Gästeliste darf. Möchtest Du Polterabend, Standesamt und kirchliche Hochzeitsfeier separat organisieren? Sammle Dir alle Gedanken, die rund um die Feierlichkeiten wichtig sind. Kümmere Dich um die Anmietung aller Räumlichkeiten, Tischordnung, Namenskarten und Co.

- Was gilt es bei der musikalischen Gestaltung zu beachten? Egal, ob DJ, Hochzeitsband, Solo-Künstler, wilde Showband oder Chormusik: Je eher Du die Rahmenbedingungen bei Deiner Hochzeitsfeier organisierst, desto besser!

- Möchtest Du mit „do it yourself" (DIY) wunder-schöne Tischkarten, Brautsträußchen oder witzige Foto-Einladungen kreieren? Es gibt zahlreiche Dinge, die Deine Hochzeit sehr individuell gestalten. Meist ist die Braut mit Elan aktiv, um die Hochzeitsgäste zu überraschen. Schreibe Dir zu DIY alles auf, was Dir jetzt schon wichtig ist.

- Was ist von zentraler Bedeutung, damit Du als wunderschöne Braut alle Gäste überraschen, ja regelrecht begeistern, wirst?

- Friseur, Make-up, Nagelstudio, die richtige Sommerbräune und vieles mehr: Es gibt viele Kleinigkeiten, mit denen Du Dein Styling optimieren darfst. Plane jetzt schon alles, damit Du mit der ganz besonderen Ausstrahlung alle Gäste verzaubern wirst.

- Wie soll die Sitzordnung aussehen? U-Tafel, runde Tische, E-Tafel oder doch lieber eine lange I-Tafel.

- Welchen Saal bzw. Räumlichkeiten willst Du anmieten und wo?

- Wie kannst Du dem Ambiente Deine ganz persönliche Note verleihen?

- Es gibt viele Angelegenheiten, wie Du als Braut Deinen persönlichen Geschmack unter Beweis stellen kannst. Zeige, dass Du Stil hast. Der Bräutigam unterstützt Dich sicherlich dabei. Doch meist haben „wir Frauen" mehr Gespür für das „ganz Besondere".

- Was ist rund um die Gäste wichtig? Hier solltest Du einen Plan schreiben, was die Vorlieben von Vereinsmitgliedern, speziellen Gästen oder Arbeitskollegen sind. Deine Trauzeugin kümmert sich sicher gern um die Belange aller Anwesenden bei den Feierlichkeiten. Je mehr Du aufschreibst, desto besser!

- Was ist beim Videografen zu beachten? Dass die Feier mit allen besonderen Momenten festgehalten wird, ist wichtig! Es kommt nicht nur auf die Highlights, sondern auch auf kleine, spannende „Nebenschauplätze" an.

Achte darauf, dass Du Profis oder liebe Freunde mit Fotografie bzw. Videoaufnahmen beauftragst.

Green Wedding Pirates Tipp:

Weihe die passenden Angehörigen ein, dass sie zusätzlich von den Vorbereitungen der Feierlichkeiten sowie nach der Hochzeit Fotos bzw. Videos aufnehmen. Das ist preiswert und verleiht den unvergesslichen Erinnerungen die ganz persönliche Note.

- Welche kleine Spiele kannst Du während der Feier organisieren? Beispielsweise sind Polaroid-Kameras auf den Tischen der Gäste ein willkommene Abwechslung, spontan besondere Augenblicke der Hochzeit einzufangen.

- Was ist Euch als Paar beim großen Jawort wichtig?

- Was wären die absoluten No Go's? Schreibe Dir auf Deiner Checkliste alles auf, was Dir dazu einfällt.

Green Wedding Pirates Tipp:

Elementar von Bedeutung ist, dass Du Deine Trauzeugen mit ins Boot nimmst, welche Spiele Ihr als Paar akzeptiert oder nicht. Die Trauzeugen werden Dir sicherlich viele organisatorische Aufgaben dazu abnehmen.

- Notiere Dir alles, was bei der Organisation von Helfern (z. B. Chauffeur von Brautauto, Kutsche usw.) von Bedeutung ist. Weihe Deine engsten Familienmitglieder ein, welche Aufgaben sie ggf. gerne für Dich übernehmen.

- Willst Du eine Hochzeitstorte oder die Mitternachtssuppe bestellen? Es sind die vielen Kleinigkeiten, die ein besonderes Catering ausmachen.

Green Wedding Pirates Tipp:

Informiere Dich in Deiner Umgebung, wer gute Erfahrungen gesammelt hat. Auch, wenn Du selbst Gast einer Hochzeit bist, kannst Du Dir pfiffige Ideen rund um das leibliche Wohl abschauen. Schokobrunnen, Aperitif mit Fruchtnote & Sprizz, Hochzeitstorte mit Nougat, Himbeeren und Marzipan – es sind die Gaumenfreuden im Leben, die bei der Heirat viele Jahre lang im Gedächtnis bleiben!

- Möchtest Du Gastgeschenke verteilen? Über kleine Geschenke mit Fotos vom Hochzeitspaar freut sich jeder Gast. Es sind eben die unvergesslichen Erinnerungen, die ihn ausmachen: den feinen und doch so wichtigen Unterschied!

- Wie kannst Du Dein „Feeling good" vor der Hochzeit fördern? Bei aller Hektik in den Hochzeitsvorbereitungen solltest Du eines nicht vergessen: Komme zur Ruhe! Gönne Dir Dein wöchentliches Wellness-Programm mit Yoga, Sauna oder regelmäßigen Meditationen. Je mehr Du in Deiner seelischen Mitte bist, desto gelassener gehst Du an alle Hochzeitsvorbereitungen heran. Das verbessert Deinen charismatischen Ausdruck bei der Hochzeit!

Zahlreiche Vorschläge können jetzt schon entscheidend dazu beitragen, dass Deine Hochzeit zum schönsten Moment in Deinem Leben wird.

„Heiterkeit des Herzens schließt wie der Frühling alle Blüten des Inneren auf."

Mit diesem Zitat von Jean Paul (1763-1825) solltest auch Du schon bei der Organisation rund um die Eheschließung in einem wunderbaren Frühling leben. Schreibe Dir am besten jetzt schon auf, was Dir rund um das Fest wichtig ist.

Dazu kannst Du Dir im ersten Brainstorming ein paar weitere Notizen gleich hier im Buch machen.

Unsere Hochzeitspläne

Vorstellungen & Wünsche

FÜR DIE ZEREMONIE:

FÜR DEN EMPFANG:

FÜR DIE LOCATION:

FÜR DIE DEKORATION:

FÜR DIE FLITTERWOCHEN:

Wedding Team

an unserer Seite stehen

DEINE TRAUZEUGIN:

NAME ______________ NUMMER ______________

DEINE BRAUTJUNGFERN:

NAME ______________ NUMMER ______________

NAME ______________ NUMMER ______________

NAME ______________ NUMMER ______________

TRAUZEUGE DES BRÄUTIGAMS:

NAME ______________ NUMMER ______________

SEINE JUNGS:

NAME ______________ NUMMER ______________

NAME ______________ NUMMER ______________

NAME ______________ NUMMER ______________

Checkliste

für die ersten groben Hochzeitsvorbereitungen

- [ ] Legt das Hochzeitsdatum fest
- [ ] Legt die Höhe des Budget fest
- [ ] Recherchiert mögliche Locations
- [ ] Legt die max. Personenanzahl fest
- [ ] Erstellt die Gästeliste
- [ ] Fragt Eure Trauzeugen
- [ ] Bucht die wichtigsten Dienstleister
- [ ] Besprecht Euer Hochzeitskonzept
- [ ] Plant den Tagesablauf
- [ ] Bestellt die Einladungen
- [ ] Versendet ein Save the Date
- [ ] Besucht ein Brautmodengeschäft
- [ ] Reserviert die Flitterwochen
- [ ] Tragt Euch Urlaubstage ein
- [ ] Wählt Eure Eheringe
- [ ] Tanzkurs bei Bedarf
- [ ] Vereinbart Probe Haar- & Make-up
- [ ] Hochzeitsanzug & Co shoppen
- [ ] Polterabend & JGA Planung
- [ ] Gastgeschenke auswählen
- [ ] Menü- & Tischkarten drucken
- [ ] Brautschuhe einlaufen
- [ ] Tagesablauf koordinieren
- [ ] Dienstleister nochmals anrufen

SONSTIGES

To-Do's

während der Hochzeit

Checkliste
für Foto- / Videograf & Musik

- Besprecht Eure Vorstellungen & Stil
- Fragt bei Euren Favoriten an
- Vereinbart ein persönliches Treffen
- Fragt um ein Engagement Shooting
- Fixiert Euren Favorit
- Besprecht den Tagesablauf & Wünsche
- DJ, Band und/oder Solokünstler
- Vereinbart einen persönlichen Termin
- Fragt um Hörproben
- Definiert Eure Musikrichtung
- Wählt Euren Song für den Hochzeitstanz
- Fixiert DJ/Band/Solokünstler
- Besprecht den Tagesablauf & Equipment
- Notiert Lieder No-Go's

SONSTIGES

Budgetplanung
auf einen Blick

POSITION	KOSTEN
Hochzeitseinladung	
Menükarten	
Sitzplan	
Dankeskarten	
Gästebuch	
DJ/Band	
Fotograf/Videograf	
Brautkleid	
Schuhe/Accessoires	
Anzug Bräutigam	

POSITION	KOSTEN

POSITION	KOSTEN

Kapitel 3

Die Zeremonie

– alles rund ums Standesamt, die kirchliche und freie Trauung

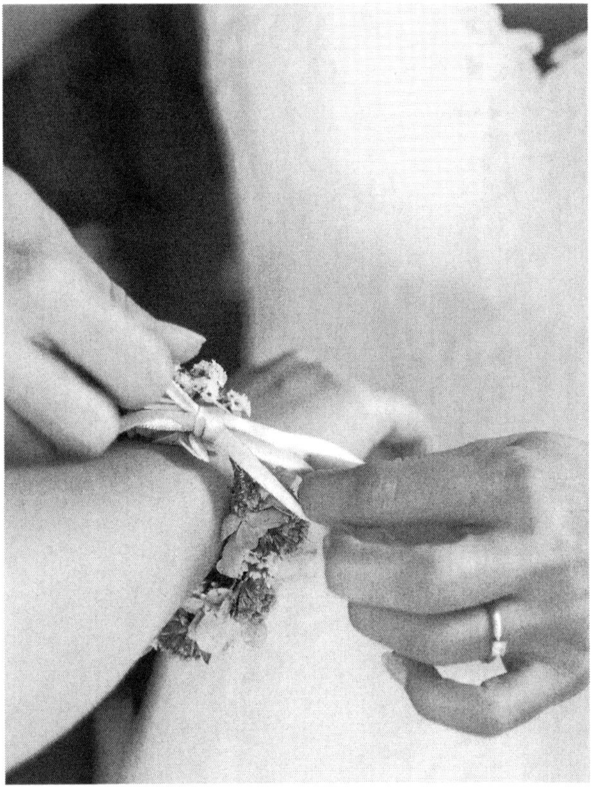

Was ist wichtig, wenn es um die Wahl des passenden Hochzeitstermins und „das Drumherum“ geht? Meist gibt es bestimmte Zeiten, in denen das Standesamt ausgebucht sein kann. Die meisten Standesämter haben außerdem nicht am Samstag geöffnet. Solltest Du also Sonderwünsche haben, musst Du diese im Vorfeld mit dem zuständigen Amt abklären. Außerdem kann ein Heiratstermin oft frühestens ca. 6 Monate vor dem Hochzeitstag fest vereinbart werden.

Ansonsten sind die Vorbereitungen rund ums Standesamt nicht schwer: Du benötigst dafür wichtige Dokumente bzw. Urkunden, damit Dich der Standes-beamte überhaupt ordnungsgemäß trauen darf. Im Vorfeld ist ein persönliches Gespräch in der Behörde notwendig, damit alle Details besprochen werden können.

Folgende Unterlagen sind wichtig, damit dieser tendenziell sachlich wirkende Part der Trauung durch-geführt werden kann:

- Geburtsurkunden bzw. beglaubigte Abschriften aus dem Geburtsregister von Dir und Deinem Partner
- Gültiger Personalausweis oder Reisepass
- Aktuelle Meldebescheinigung über den aktuellen Wohnsitz

Zudem gibt es Vorlieben eines bestimmten Standesbeamten, der Dich ggf. besonders als Gast einer Hochzeit schon begeistert hat. All diese Besonderheiten solltest Du so zeitig wie möglich mit dem Amt klären. Dabei kannst Du erfahren, wie hoch die Kosten der Trauung in etwa ausfallen.

Die Eheringe für Frau und Mann – sie besiegeln Eure Liebe

Weiß-, Gelb- und Rotgold - oder doch lieber Platin? Auch ein Silberschmuck kann die Unvergänglichkeit einer tiefen Liebe zur Geltung bringen. Für die richtige Wahl der Eheringe solltest Du Dir Zeit nehmen. Finde Deine genaue Ringgröße heraus. Der Ringfinger an der rechten Hand ist hierfür entscheidend. Achte außerdem darauf, dass die Dicke Deiner Finger sich leicht verändern kann. Ein Ring ist das Schmuckstück, das Dir ein ganzes Leben lang passen muss. Der Ehering muss zeitlos und dennoch besonders sein. Notiert Euch hier Eure Ringgrößen.

Ringgröße *Braut*

Ringgröße *Bräutigam*

Green Wedding Pirates Tipp:

Viele bestellen in unserer modernen Zeit Schmuck im Internet. Das ist auch durchaus in bestimmten Fällen günstiger, als den Juwelier oder den Schmuckshop vor Ort aufzusuchen. Dennoch solltest Du Dich in Sachen Trauringe persönlich beraten lassen. Profis bei Ringen wissen am besten, worauf es bei diesem unvergänglichen Stück ankommt. Zudem sind Beispiele für eine Gravur, die passende Ringgröße sowie der Stein, der in den Ring der Frau eingearbeitet wird, vor Ort besser zu erkennen als im Netz. Es geht um das Zeichen der Liebe. Hier solltest Du selbst entscheiden, ob Dir gute Qualität auf Dauer nicht den ein oder anderen Euro mehr Wert ist. Natürlich ist echter, reiner Schmuck eine Selbstverständlichkeit. Ein

Ehering muss, wie das Band einer Ehe auch, den ein oder anderen Kratzer ertragen. Dennoch verliert er nie an Wertbeständigkeit!

Zeremonie in der Kirche

Egal, ob Du katholisch, evangelisch (bzw. protestantisch) bist oder ggf. einer anderen Glaubensgemeinschaft angehörst: Der Segen vom Priester, der Gott vertritt, ist vielen Brautpaaren wichtig. Ein Traugottesdienst läuft meist in ähnlicher Form ab. In der Regel dauert er ca. 1 Stunde oder etwas länger. Was ist, wenn der Mann einer anderen Glaubensgemeinschaft als die Frau angehört? Natürlich kannst Du auch in diesem Falle Deinen kirchlichen Segen abholen. Fakt ist, dass Du vor Ort mit dem zuständigen Priester im Vorfeld darüber sprechen solltest. Viele Möglichkeiten sind denkbar. Immer mehr freie Geistliche verlassen ein paar zu-gelassene Regeln, die ausschließlich der Tradition verbunden sind. Außerdem ist auch die Trauung ganz ohne Gottesdienst möglich. Sie ist meist in ca. 30 Minuten (mit Predigt) vorüber. Gerade Menschen, die der Kirche nicht sehr verbunden sind, gehen häufig diesen besonderen Weg.

Bespreche also mit Deinem Liebsten, welcher kirchliche Rahmen zu euch passt. Egal, ob Du einen Orgelspieler, die besondere Dekoration in der Kirche oder einen bestimmten Chor auswählst: Der finanzielle Rahmen hängt stark von dem ab, was Du an Leistungen beanspruchst. Deshalb ist das Traugespräch mit dem Priester im Vorfeld detailliert zu planen. Bitte beachte dabei, dass Du Dir für die Vorgespräche genügend Zeit einräumst. Jede kirchliche Organisation freut sich außerdem über eine Spende, die natürlich freiwillig ist.

Dürfen Angehörige in die Messgestaltung mit einbezogen werden?

Lesung, Fürbitten, eine individuelle Mitgestaltung der Blumenkinder: Nichts ist so individuell, wie in einer Kapelle oder Kirche zu heiraten. Spreche, wenn Dir das wichtig ist, alle Details mit dem Priester durch. Wenn Du Deinen Trauspruch auswählst, darfst Du auch verschiedene Optionen der kirchlichen Untermalung wählen. Egal, ob Du nur mit „Ja“ vor dem Tausch der Ringe antworten oder ganze Sätze frei formulieren möchtest: Es ist der entscheidende Moment, auf den es ankommt. Das Jawort erzeugt Gänsehaut pur! Während das Standesamt oft nur in einer gewissen Anzahl Gäste erlaubt, ist der kirchliche Rahmen die Räumlichkeit, in der sich oft 100 Personen oder mehr befinden. Das sorgt für Emotion pur.

Deshalb stelle ich Dir in folgenden Tipps vor, wie Du Deine Trauung zum unvergesslichen Moment gestalten kannst:

1. Kerzenschein, Blumenschmuck oder Ave Maria für die Trauung: Schreibe Dir alle besonderen Ideen auf, die Euch als Paar wichtig sind. Es gibt sogar Kerzen, die Du mit Trausprüchen veredeln kannst. Hochzeitskerzen kannst du gerne nach dem Motto DIY kreativ gestalten.

2. Wie sieht es mit Gesang bzw. einem Solo-Auftritt beim Trauungslied aus? Überlege Dir, wie Deine kirchliche Trauung so individuell wie möglich gestalten werden kann. Vielleicht gibt es gar in Deinem Bekanntenkreis ein paar Akteure, die gerne die musikalische Untermalung in der Messe übernehmen?

3. Möchtest Du als Braut von Deinem Vater zum Traualtar geführt werden?

4. Angehörige, die gerne in der Messgestaltung mitwirken, sollten einen sinnvollen Auftrag dazu erhalten. Das ehrt jeden, der euch dabei hilft, dass Deine Hochzeit zum schönsten Moment in Deinem Leben wird. Fürbitten von den Blumenkindern gesprochen, Lesung von der Mama, die Segenswünsche, die von Freunden gestaltet werden: Je mehr persönliche Beiträge, desto spezieller Deine kirchliche Hochzeit. Es ist längst nicht nur der Priester, der für die Gestaltung der Messe verantwortlich ist.

5. Welche Rolle spielen Blumenkinder und Brautjungfern bei der Hochzeit außerdem?

An diesen Ideen siehst Du: Bei der Messgestaltung rund ums Ja-Wort gibt es jede Menge zu tun.

Die freie Trauung

Neben der kirchlichen und der standesamtlichen Zeremonie findet man sie immer häufiger: die freie Trauung. Bei dieser Möglichkeit kannst Du eine Traurednerin bzw. einen Trauredner darum bitten, die Vermählung durchzuführen. Freunde und Bekannte gestalten die freie Trauung oft gerne mit. Es ist denkbar, die freie Trauung in der Natur, an einem einsamen Strand oder sogar in einer Veranda im Garten stattfinden zu lassen. Diese besondere Art vom Jawort findet in unserer modernen Zeit einen immer größer werdenden Stellenwert. Es gibt wahre Profis von Traurednerinnen (-rednern) die sehr individuell auf das Brautpaar eingehen und bezahlbar sind. In einer sehr persönlichen Gestaltung der Hochzeit sollten Persönlichkeit, die Besonderheiten sowie die einzigartigen Zeichen der Liebe, die das Brautpaar zum Ausdruck bringt, zur Sprache kommen. Solltest Du Dich für die freie Trauung entscheiden, gilt: Nimm Dir Zeit für die Vorbereitung. Schließlich müssen Redner, Freunde und alle Bekannte, die mitwirken dürfen, optimal auf die Trauzeremonie vorbereitet werden. Wenn Dir ein Profi als Trauredner seinen persönlichen Segen ausspricht, ist das vermutlich eine ganz besondere Angelegenheit.

Während Du Dir sicher bereits einige Gedanken dazu machst und mit Deinem Verlobten darüber sprichst kannst Du Dir hier weitere Notizen machen.

Notizen
zum Standesamt

Notizen
für die Eheringe

Notizen
rund um die Kirche

Notizen
für die freie Trauung

Resümee

Diese Punkte sind vor allem Dir als Braut sicher sehr wichtig. Es lohnt sich, so rechtzeitig wie möglich die elementaren Fakten zu klären. Bei diesen Aspekten kannst Du Dir spannende Optionen abschauen, die Du ggf. bei anderen Hochzeiten schon erleben durftest. Bespreche außerdem mit Deiner Trauzeugin die wichtigsten Aspekte, auf die es ankommt. Sie wird sicher im Partnerbuch für die Trauzeugin, ähnlich wie Du, alle Details aufschreiben. Somit geraten alle wichtigen Punkte nicht in Vergessenheit.

Kapitel 4

Polterabend und JGA

– was ist vor der Hochzeit wichtig?

„Alter schützt vor Liebe nicht, aber Liebe schützt bis zu einem gewissen Grade vor Alter."

- Zitat von Jeanne Moreau -

Egal, in welchem Alter Du auch „Ja" sagen möchtest: Genieße Deine Hochzeit. Überlege Dir, was Dir an dem besonderen Fest wichtig ist. Viele von uns möchten schon vor der eigentlichen Trauung in einem lockeren Rahmen feiern. Dazu gehört vielleicht der Polterabend oder der JGA mit dazu.

Deshalb stelle ich Dir jetzt ein paar Möglichkeiten vor, wie Du schon vor dem Termin beim Standesamt so richtig feiern kannst.

Der Polterabend

Scherben bringen Glück! Das Glück der Ehe wird nicht nur aus diesem Grunde sehr gerne in einem Polterabend besiegelt. Hier kann in Garagen, im Partykeller oder in einer anderen Location gefeiert werden. Meist ist der Dresscode bei dieser ungezwungenen Party locker. Egal, ob Grillfest, wildes Poltern mit altem Geschirr oder die Einladung von Kollegen und Vereinen: Wenn Du einen

Polterabend planst, solltest Du dessen Verlauf nicht dem Zufall überlassen.

Deshalb stelle ich Dir jetzt ein paar Grundlagen zusammen, die Du in der Vorbereitung sicher gut organisieren kannst:

- Sorge für den Raum, mit dem alle Gäste sehr gut leben können. Dazu gehört es, bei Outdoor-Events stets einen Plan B für schlechtes Wetter parat zu haben. Wie sieht die musikalische Gestaltung bei Deinem Polterabend aus? Private DJ`s oder eine Playlist können dafür sorgen, dass Du nicht zu viel Geld in ausgelassene Musik investieren musst. Meist wird am Polterabend nicht nur gegessen und getrunken, sondern auch ausgelassen getanzt. Achte darauf, dass die Raumplanung dementsprechend ausgerichtet wird. Was soll beim Catering bzw. bei feinen Getränken angeboten werden? Du hast beim Polterabend einige Möglichkeiten, das Budget ggf. gering zu halten. Freunde backen gerne Kuchen oder bereiten die Grillwürste zu. Eine Bowle kannst Du selbst ansetzen und um den Sektempfang kümmert sich vielleicht sogar

Deine Trauzeugin. Solltest Du aber ein vielseitiges Catering buchen, sind ein paar Elemente zu bedenken. Veganer, Vegetarier oder Fleischesser müssen beim Polterabend auf ihre Kosten kommen. Serviere Sekt und zahlreiche alkoholfreie Getränke.

Green Wedding Pirates Tipp:

Achte, wie bei allen Buchungen, über die Möglichkeiten der Bezahlung (Cash oder mit Karte?) und weitere organisatorische Dinge. Muss das Geschirr gespült oder gestellt werden? Zum Beispiel sollte meist nach Zusage der Gäste deren genaue Anzahl gemeldet werden. Somit kann der Caterer sinnvoll planen. Daneben gibt es nicht selten einen Pauschalpreis, den Du pro Person bezahlst. Wenn Du hier auf erfahrene Anbieter mit guten Rezensionen achtest, ist das schon die halbe Miete für ein erfolgreich organisiertes Food.

- Möchtest Du mit Spielen, Einlagen oder witzigen Solo-Auftritten Deinen Polterabend versüßen? Bei diesen Punkten sind Dir Freunde oder Trauzeugen sicher gerne behilflich. Wenn Du Deiner Trauzeugin freie Hand dabei lassen möchtest, ist vermutlich für die gelungene Überraschung gesorgt. Wie im Partnerbuch für die Trauzeugin bereits erwähnt: Weihe die Person Deines Vertrauens in alle Do's und Dont's ein, die Ihr als Brautpaar akzeptiert. Nur dadurch können unschöne Überraschungen von Anfang an vermieden werden. Achte darauf, dass nicht nur beim Polterabend der Rahmen eingehalten wird, auf den es ankommt! Viele Brautpaare planen den Polterabend einen Tag vor der Trauung. Diese Strategie kann sich als vorteilhaft erweisen, da Du Unterkunft und Co nur einmal organisieren musst. Wenn Du zeigst, dass Du für Deine Gäste mitdenkst, freuen sie sich sicher über Dein Engagement. Um welche Uhrzeit soll „gepoltert" werden? Achte ggf. darauf, dass alle kleinen Gäste oder Babys gut versorgt werden können. Wer sich dabei um Kinderbetreuung, gutes Entertainment, die richtige Verpflegung oder Schlafplätze kümmert, sorgt für das Wohl aller Gäste. Manchmal sind es die kleinen Dinge im Leben, die eine Feierlichkeit zum unvergesslichen Erlebnis machen. Der Geschenke-Tisch darf auf dem Polterabend nicht vergessen werden.

Green Wedding Pirates Tipp:

Ein Polterabend ist so individuell wie die gesamten Planungen, die die Eheschließung betreffen. Sorge bitte von Anfang an dafür, dass Du bei der ungezwungenen Party Zeit findest, selbst zu feiern. Ihr als Brautpaar seid vermutlich mehr als gefordert beim Scherben kehren oder damit, mit allen Gästen ein wenig zu plaudern. Das Rahmenprogramm sollte so ablaufen, dass Du als Hauptperson beim Fest nicht zu stark zeitlich involviert bist. Viele Freunde und Angehörige steuern sicher altes Geschirr bei und kümmern sich um organisatorische Dinge. Perfekt ist, wenn Du als Braut nicht mit jedem Detail beschäftigt bist. So kann die Party rundum gelingen.

Notizen

für meinen Polterabend

Junggesellen- bzw. Junggesellinnenabschied

Möchtest Du Dich mit Deinen besten Freundinnen vom Dasein des Single-Lebens verabschieden? Hier dürfen witzige Spiele stattfinden. Meist wird mit der Trauzeugin über den JGA gesprochen. Hier sind kleine Scherze oder Überraschungen erlaubt, wenn Du vor der Hochzeit nochmals feiern möchtest. Wer weiß – vielleicht plant Ihr sogar unter den Mädels ein Wellness-Wochenende oder ein kleine Reise? Spreche das am besten mit Deiner Trauzeugin ab. Wer als Braut alkoholisierte Feste vor dem Jawort verabscheut, muss dies klar ansprechen. Der Fairness halber sollten Braut und Bräutigam hier am gleichen Strang ziehen.

Tipp für das Budget:

Oft werden die Kosten für den JGA von den teilnehmenden Freundinnen getragen. Sollte Dir das nicht recht sein, spreche es im Vorfeld an. Erlaubt ist, was gefällt. Wenn Du zu Deiner Trauzeugin Vertrauen hast, solltest Du Ihr die Organisation des JGA überlassen. Sie kennt Dich und Deine Vorlieben sicher mit am besten, damit sie weiß, für welchen Spaß Du zu haben bist.

Green Wedding Pirates Tipp:

Egal, ob Polterabend, ein Wochenende unter Mädels oder der JGA: Wer nur unter erheblichem Alkoholeinfluss feiern kann, sollte seine Denkweise überprüfen. Menschen, die das schönste Event in Sachen Liebe besonders feiern möchten, benötigen nicht unbedingt Rauschmittel dafür. Alkohol oder gar Partydrogen sind tendenziell mehr Fluch als Segen. Sie können sehr oft eine unschöne Stimmung verursachen, obwohl Du das gar nicht vermutest. Deshalb sollte Hochprozentiges nur in Ausnahmefällen erlaubt sein. Achte auf das eigene Wohl und das Deiner Gäste. Bewahre als Braut Etikette. Vermeide peinliche Auftritte, die jahrelang im Gedächtnis Deiner Freunde bleiben. Zeige Stil. Bewahre Charakter.

Notizen
für meinen JGA

Übrigens:

Manchmal ist weniger einfach mehr. Wichtig ist, dass es Dein bzw. Euer Fest wird! Lasse Dich deshalb nicht zu Mainstream-Aktivitäten überreden, die Dir nicht aus tiefer Überzeugung gefallen. Wenn Deine Freundinnen einen Stripper beim JGA gebucht haben, Du das aber nicht lustig findest, dann sage dies ehrlich. Lasse Dich keines-falls zu einem Event überreden, das Dir mehr Angst als Mut macht. Bespreche mit dem Bräutigam alle Do's und Don'ts rund um eure Hochzeit. Im Nachgang solltest Du unbedingt die Trauzeugen einweihen. So stehen die Chancen gut, dass alle Events im Sinne des Brautpaares verlaufen. Achte darauf, dass Du Dir treu bleibst. Vermeide, dass andere beleidigt sind.

"Die Liebe ist das Gewürz des Lebens. Sie kann es versüßen, aber auch versalzen."

- Zitat von Konfuzius -

Kapitel 5

Alles rund ums Hochzeitsoutfit

– welche Accessoires und Schuhe passen zum Brautkleid?

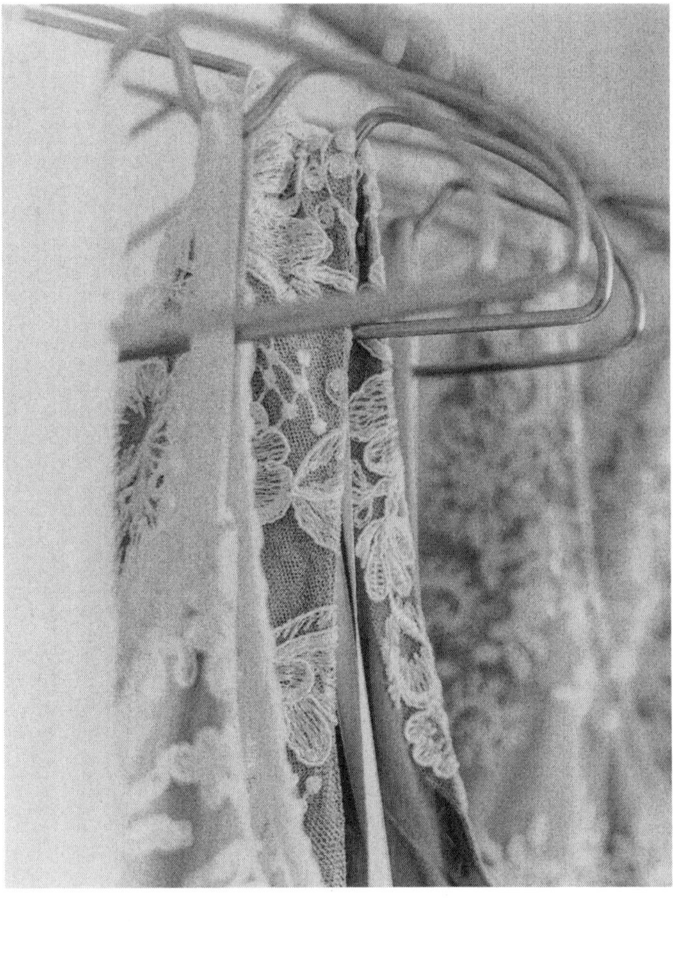

Du als Braut bist sicher schon ein klein wenig aufgeregt, Dir das passende Kleid auszusuchen. Möchtest Du beim ersten Anblick von Dir als wunderschöne Braut Deinen Liebsten regelrecht flashen? Der erste Anblick von Dir am großen Tag wird dem Bräutigam die Sprache verschlagen. Ohnehin bist Du für ihn sicher die schönste Frau des Lebens. Doch es benötigt viel Zeit, Liebe zum Detail und einem ernstgemeinten Ratschlag von Trauzeugin oder anderen Beratern, dass Du beim Outfit alles richtig machst. Suche Dir so rechtzeitig wie möglich zuerst das Brautkleid aus. Danach gilt es, Accessoires, Haarschmuck, Make-up, Brautschuhe sowie Strumpfband und Co zu finden.

Green Wedding Pirates Tipp:

Pinterest wird von allen Bräuten zur Inspiration besonders gern verwendet. Vor allem dann, wenn Du Dir als Braut schöne Styling Tipps abholen möchtest, ist der Besuch dieser kostenlosen Plattform sinnvoll. Wenn Du möchtest, kannst Du auch Dich als Braut dort präsentieren und du kannst es auch nur privat für dich und deine Trauzeugin nutzen. Alles, was mit Deinem Look zu tun hat, sollte vor allem zu Dir als Individuum passen. Deine persönliche Note kannst Du auf verschiedene Art und Weise unterstreichen. Egal, ob die natürliche Braut im Nude-Design mit Blumenkranz im Haar oder die Dame in Glitzer, Tüll und Pailletten: Du bist Du! Nimmt Dir bitte genügend Zeit dafür, das Kleid zu finden, das Dir sehr gut steht. Eine Freundin bzw. Deine Trauzeugin begleitet Dich sicher gerne dabei, damit Du das Kleid findest, indem Du Dich rundum wohlfühlst. Nimm Dir bitte Zeit, das Kleid so rechtzeitig wie möglich auszusuchen. Oft müssen besondere Wünsche im Nachgang verändert werden. Träger am Ausschnitt, die Veränderung rund um die Taille, ein paar Details an den Ärmeln: Achte darauf, dass vermutlich kein Kleid von Anfang an so perfekt sitzt, dass Du es sofort von der Stange tragen möchtest. Außerdem: Macht es nicht Spaß, das perfekte Kleid auszusuchen? Freue Dich auf diese besondere Aufgabe.

Der richtige Farbton

Elfenbein, rosé, nude, eierschalenfarben, wollweiß, ivory, blush, strahlend-weiß – ist weiß denn nicht einfach weiß? Längst schon gibt es nahezu unzählige Weißtöne, die Deinen Typ besonders unterstreichen werden. Würdest Du Dich als Frühlings-, Sommer-, Herbst- oder Wintertyp einstufen? Er macht eben doch den entscheidenden Unterschied: der Farbton des Kleides. Achte bei der Auswahl der für Dich richtigen Farbe auch darauf, zu welcher Jahreszeit Ihr euch das Jawort gebt. Im Sommer wirkt das richtige Weiß eben anders als zur „blassen" Winterzeit. Zudem spielen Make-up und die Frisur eine entscheidende Rolle, wie Du in Deinem kompletten Outfit wirkst.

Übrigens:

Weiß ist immer noch die häufigst gewählte Farbe des Brautkleides. Diese Farbe gilt als Symbol für Reinheit und Unschuld, Zudem wird weiß sehr eng verbunden mit Perfektion sowie der Jugend. Liebhaber von Weiß suchen nach Eleganz, Aufklärung und Exzellenz. Zudem wirkt ein weißes Brautkleid auch einfach nur elegant. Weiß strahlt Ruhe, Frieden und Neubeginn aus. Die meisten Bräute verdienen es, aus der Masse heraus-zustechen an ihrem großen Tag. In der Regel wählt keine andere Frau der Gäste ein weißes Kleid, da sie der Braut sicher nicht die Show stehlen möchte.

Allerdings gibt es in modernen (bzw. sehr traditionellen) Hochzeiten in anderen Kulturen (zum Beispiel Muslime) auch ganz andere Bräuche. Blicke einmal nach Indien: Hier gilt: Je bunter das Brautkleid, desto fröhlicher die Feier! So nimmt es auch einen immer größer werdenden Stellenwert bei uns in Europa ein, knallig rote, blaue oder andere Farben für Brautkleid zu wählen. Jede Braut weiß selbst am besten, für welche Farbe des Kleides sie sich entscheidet.

Die Accessoires

Wenn Du das passende Kleid ausgesucht hast, gilt es, die Accessoires zum Outfit zu finden. In guten Brautmoden-Geschäften findest Du hier viele Ideen dazu. Längst ist es nicht mehr üblich, einen Schleier zu jedem Kleid zu tragen. Es gibt immer mehr Bräute, die auch im Alter von 40 Jahren oder später zum ersten mal „Ja" sagen. Überlege Dir als Braut im Vorfeld, wie Du Dich stylen möchtest. Probiere verschiedene Alternativen dazu aus. Meist kommen die besten Ideen erst dann, wenn Du Dich mitten in der Anprobe befindest. Erlaubt ist, was gefällt. Auch eine interessante Frisur mit ein paar Perlen oder Naturblumen können zum Look perfekt passen. Wie sieht es mit Braut-

Täschchen, Stola, Jäckchen, Strumpf-band, Strumpfhose und Brautschuhen aus? Viele Shops bieten die passenden Accessoires zum Kleid an. Bitte achte darauf, dass Du auch den Plan B für schlechtes Wetter berücksichtigen musst. Nicht jedes schulterfreie, offene Sommerkleid dient dem „großen Brautglück" an einem kühlen Regentag im Sommer. Vor allem in Standesamt, Kirche und im Brautauto solltest Du an Deinem großen Tag ganz sicher nicht frierend und zitternd den Gästen zuwinken. Hier kann ein traditionelles Jäckchen, eine lässige Stola oder ein weißer, großer Schal, in den Du Dich einkuscheln kannst, hervorragend dem Schutz dienen. Überlege Dir im Vorfeld sehr gut, was die Dinge sind, die Dir wichtig sind. Ist der richtige Look gewählt, hast Du die gute Basis für Make-up und Co geschaffen. Du findest die Traditionen über das Strumpf-band und viele wichtige Elemente rund ums Brautkleid im Partnerbuch „Plötzlich Trauzeugin". Geh mit Deiner Freundin auf Shopping-Tour: das sind die Events, die einfach zu zweit so richtig Spaß machen!

Die richtigen Schuhe

Neben der unvergänglichen Schönheit, die Du vor allem am Hochzeitstag ausstrahlst, darf ein Aspekt auf keinen Fall vernachlässigt werden: die Brautschuhe! Überlege Dir sehr genau, welchen Absatz Du tragen möchtest. Das Brautkleid muss in seiner Länge darauf abgestimmt werden, dass die Schuhe passend sind. Vor allem solltest Du eines beachten: An Deinem großen Tag musst Du in den Brautschuhen sehr gut laufen und tanzen können. Wer kennt das nicht? Wenn unnötige Blasen oder Druckstellen schmerzen, kann das ganz schön auf die Nerven gehen. Deshalb ist es nicht nur wichtig, die Brautschuhe mindestens für ein paar Stunden zu Hause zu tragen, sondern Dir die passenden Schuhe auszusuchen. Riemenschühchen und High Heels sehen zwar oft sehr elegant aus, sind aber oft unbequem. Wenn bei Wärme die Füße einlaufen und etwas dick werden, entstehen schmerzvolle Druckstellen. Genau aus diesem Grunde solltest Du Dir für die Auswahl der passenden Schuhe viel Zeit nehmen. Schließlich willst Du vom Eröffnungstanz über die gesamte Party bis hin zum Abschlusstanz Dein Fest rundum genießen. Viel Bräute nehmen sich deshalb auch flache, weiße Ballerinas oder Sneakers als

Ersatzschuhe mit zur Hochzeit. Doch diese Option ist nur für den Notfall eine Lösung für ein Problem, das sich von Anfang an vermeiden lässt.

Außerdem helfen Einlagen, Gelsohlen oder andere Ideen, die Schuhe bequemer zu machen. Ein stylischer High Heel oder hohe Pumps müssen nicht zwangsläufig unbequem sein. Übe im Vorfeld der Hochzeit auf Deinem „Catwalk zu Hause“, damit Du gut und sicher durch den Hochzeitstag kommst. Somit wirkst Du professionell an Deinem Ehrentag!

Probefrisur und Test-Make-up

Längst schon ist es üblich, sich als Braut von einem Friseur, Visagistin bzw. von einer Kosmetikerin stylen zu lassen. Bitte nimm Dir Zeit dafür, im Vorfeld die richtige Frisur, passend zum Kleid, und auch das Make-up zu testen. Meist ist es im Preis enthalten, im Vorfeld alle Wünsche der Braut an ihr zu testen. Am Hochzeitstag selbst bleibt meist wenig Zeit für Experimente. Zudem musst Du damit rechnen, dass Du vermutlich sehr aufgeregt bist. Eine gute Friseurin bzw. ein andere Profi weiß genau, wie man hier mit Dir umgehen kann.

Außerdem gibt es auch manchmal im Freundes- und Bekanntenkreis Damen, die Dir vermutlich gerne beim Anziehen des Kleides bzw. mit der Gestaltung des Looks behilflich sind. Wer Frischblumen im Haar trägt, muss diese natürlich organisieren. Zudem können beim Probestyling spezielle Haarklammern, gut haftende Haarsprays und Co für den Heiratstag bestellt werden. Möchtest Du spezielle Farben fürs Make-up aus Deinen persönlichen Produkten verwenden? Erlaubt ist für die Braut fast alles, was sie sich wünscht. Wichtig ist: Spreche mit der Person darüber, die das Styling am Hochzeitstag übernimmt. Auch der Besuch beim Nagelstudio ist für manche Braut ein absolutes To Do.

Übrigens:

Wenn standesamtliche und kirchliche Trauung nicht zusammentreffen, ist es fraglich, ob Du Friseur oder Visagistin nicht für beide Tage buchen möchtest. Sollte dies der Fall sein, ist natürlich für den Look beim Standesamt ähnliches zu beachten, wie bei der Auswahl des Brautkleides. Ein schickes Kostüm oder ein feines Kleid kannst Du jedoch meist öfter im Alltag tragen als ein weißes Brautkleid. Dennoch gehen viele Bräute nach der

Trauung den Weg, das Brautkleid einzufärben und ggf. zu sehr festlichen Anlässen weiterhin auszuführen. Auch ein Weiterverkauf des Kleides oder ein passendes Taufkleid daraus zu schneidern ist möglich.

Green Wedding Pirates Tipp:

Das Budget rund ums Styling der Braut wird oft unterschätzt. Bitte schreibe Dir deshalb in diesem Punkt auf, was jede einzelne Leistung kostet. Es entspricht ganz im Sinne der Nachhaltigkeit, sich auch nach gebrauchten Kleidern umzusehen oder sich das Brautkleid auszuborgen. Hier wirst Du jede Menge Geld sparen können. Überlege Dir somit sehr genau, welche Summe Du für das perfekte Outfit investieren möchtest. Sehe Dich auf vielen Plattformen um, was an „second hand" sinnvolles für Dich angeboten wird. Das hilft vielen Bräuten dabei, das Budget nicht zu stark zu plündern, ohne an Attraktivität zu verlieren. Letztendlich kommt es auf Dein tiefes Strahlen im richtigen Kleid an, damit Du die schönste Frau an Deiner Hochzeit bist!

„Wie schön kann ein Mensch sein, wenn du seinen Körper gar nicht mehr wahrnimmst und nur noch seine Aura bestaunst."

An diesem Zitat von Markus Keimel siehst Du: Deine Ausstrahlung als Braut muss alle Menschen in den Bann der Begeisterung ziehen. Dazu gehört nicht nur die Schönheit, die von Außen erkennbar ist. Strahle, lache und begegne den Menschen mit Freude! Sende positive Energie aus. Freue Dich, den schönsten Tag Deines Lebens zu feiern. So wirst Du, neben dem perfekten Look, zur schönsten Braut – nicht nur für Deinen Liebsten!

Resümee

Alles in Sachen Outfit ist wichtig. Deine Trauzeugin kann Deinem Schatz einen Tipp geben, dass er den passenden Hochzeitsanzug wählt. Natürlich ist es in der heutigen Zeit auch üblich, dass Du Deinen Partner rund um das Styling als Bräutigam berätst. Fakt ist jedoch: Nimm Dir Zeit für Dein Brautkleid und alles, was damit zusammenhängt. Kleider machen Leute. Mehr denn je ist es deshalb wichtig, dass Du eine wunderschöne Braut bist, die noch nach Jahren beim Blick auf die Videos und Fotos alle in den Bann der Euphorie zieht.

Notizen
zu meinem Brautlook

Checkliste

für meinen Brautlook

- [ ] Sammle Ideen auf Pinterest & Co
- [ ] Anprobetermine vereinbaren
- [ ] Accessoires auswählen
- [ ] Brautschuhe auswählen
- [ ] Fixiere eine Stylistin für Haar & Make-up
- [ ] Buche einen Probetermin
- [ ] Reserviere Beautyanwendungen
- [ ] Vereinbare einen Friseurtermin
- [ ] Brautkleid abholen
- [ ] Notfallset für den Hochzeitstag
- [ ]
- [ ]
- [ ]
- [ ]
- [ ]
- [ ]
- [ ]
- [ ]
- [ ]
- [ ]
- [ ]
- [ ]
- [ ]
- [ ]

SONSTIGES

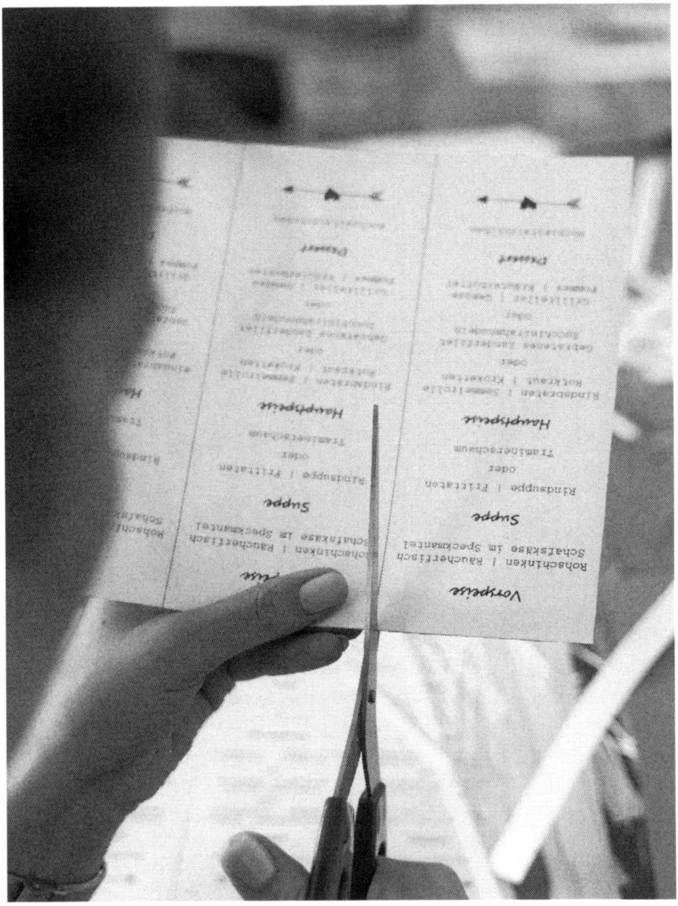
Vorspeise
Rohschinken | Räucherfisch
Schafskäse im Speckmantel
Suppe
Rindsuppe | Frittaten
oder
Traminerschaum
Hauptspeise
Rindsbraten | Semmelrolle
Rotkraut | Kroketten
oder
Dessert

Kapitel 6

Die kulinarischen Highlights

– wie Du perfekt für das leibliche Wohl sorgen kannst?

Jetzt geht es ums Essen! Schließlich ist das leibliche Wohl nicht nur für alle Gäste entscheidend. Bei einer Hochzeit will man sich nicht nur satt essen, sondern ganz besondere Gaumenfreuden genießen. Solltest Du in einem Restaurant oder Hotel feiern, kannst Du Dich gerne über bestimmte Hochzeits-Menüs informieren.

Viele Anbieter überzeugen von Anfang an mit guten Ideen. Achte darauf, dass Veganer, Vegetarier und Fleischesser auf ihre Kosten kommen. Sind unter den Gästen einige Unverträglichkeiten bzw. Kinder, die besondere Vorlieben haben? Gehe bitte anhand Deiner Gästeliste durch, welche Auffälligkeiten es gibt. Gute Caterer bzw. Restaurants bieten längst laktosefreie Milch, Speisen bei Glutenunverträglichkeit sowie Diabetikerkost an. In der Regel wirst Du mit einem Mix aus Menü und Buffets nicht grundlegend falsch liegen. Dabei kann jeder sich das aussuchen, was seinen Vorlieben am besten entspricht.

Ist die gute, alte Hochzeitssuppe also ausgestorben?

Natürlich ist fast nichts so vielseitig wie der Geschmack, wenn es ums Essen geht. So bevorzugen viele Menschen mehr als gerne die Hochzeitssuppe mit Maultaschen, Knödeln, Backerbsen und frischem Schnittlauch. Daneben gibt es sehr moderne Möglichkeiten, die Du im Buffet allen Gästen nicht verwehren solltest. Während du Traditionskost wie den Schweinebraten mit Blaukraut und Kloß anbieten kannst, sind internationale Köstlichkeiten wie Fisch im Zitronen-gras, Gemüse-Ingwer-Pfanne mit Koriander oder der süße Topfenstrudel mit Vanillesauce zum Dessert ebenso beliebt, wie das vegane Zimteis mit einer Note von Cayenne-Pfeffer. An diesen Beispielen siehst Du schon: Biete für alle Gäste verschiedene Köstlichkeiten an, die sicher jeder gerne einmal genießt. Das Kuchenbuffet kann selbstgebackene Torten und Obstschnitten anbieten. Erlaubt ist, was der Hochzeitsgesellschaft Spaß macht und schmeckt.

Green Wedding Pirates Tipp:

Viele Gäste freuen sich, wenn sie einen Beitrag zum Buffet leisten dürfen. Der beste Guglhupf von der Oma – lieben diesen nicht alle? Die spezielle Eierlikör-Torte der Patentante oder die selbstgebackene Hochzeitstorte, die die Vorlieben des Paares auf eine lustige Art und Weise (zum Beispiel ein Foto aus Marzipan vom Paar) präsentiert, begeistern die Gäste. Viele Menschen freuen sich, wenn sie einen ganz persönlichen Beitrag zur Hochzeit leisten dürfen. Das ist schöner, als sich nur einen Geldschein oder Gutschein zu schenken.

Notizen
zu Speis & Trank

Ideen rund ums Essen

In diesem Überblick liefere ich Dir ein paar Basics, wie Du das Catering bzw. die Verköstigung im Restaurant von der Pike auf gut organisieren kannst:

- Kuchenbuffets gibt es meist an jeder Hochzeit. Hier ist es in der Regel mit einem Pauschalpreis zu kalkulieren. In der Regel musst Du nicht mehr als 1 – 2 Kuchenstücke pro Person rechnen. Bitte achte darauf, dass es neben Kaffeetrinkern auch Teeliebhaber gibt oder manche Menschen Wasser oder Saft zum Kuchen genießen.

- Die Hochzeitstorte muss nicht zwingend 2- oder 3-stöckig sein. Je nach Geschmack kann sie mit der fruchtigen Note, feinen Erdbeeren oder Nougat-Füllung verfeinert werden. Lasse Dich vom Profi beraten, was eine bunte Hochzeitsgesellschaft bevorzugt. Die Torte, die das Brautpaar nach alter Tradition anschneidet, soll nicht nur appetitlich aussehen, sondern auch fein schmecken. Übrigens: Wer hält beim gemeinsamen Anschnitt der Torte die Hand auf dem Messer oben? Nach bewährter Tradition hat die Person in der Ehe „die

Hosen an“, die die Hand oben hält und die Führung des Messers übernimmt. Ein Foto- oder Videograf hält bestimmt alles fest, was rund um die Hochzeitstorte wichtig ist.

- Wenn Vorspeise, Suppe und Hauptgericht serviert werden, sollte Ruhe im Raum sein. Eine gute Hochzeitsband sorgt ggf. für musikalische Untermalung. Natürlich hat ein Buffet viele Vorteile. Jeder Gast darf sich die Speisen aussuchen, die ihm am besten schmecken. Zudem kann jeder auch neue Gourmetfreuden testen, die er vorher ggf. noch nie probiert hat. Allerdings hat das Buffet auch ein paar Nachteile. Gerade ältere Menschen stellen sich nicht gerne an. Zudem kann die Schlange sehr lange sein. Das Gericht ist auf dem selbst angerichteten Teller niemals so appetitlich garniert, wie ein Koch es kann und es bleibt auch einiges über, da die meisten Köche mehr an Essen kalkulieren. Deshalb entscheiden sich einige Brautpaare für eine Menüfolge, die vom Kellner serviert wird. Wenn dazu der passende Wein gereicht wird, sorgt das für ein stilvolles Ambiente. Wenn alle

Gäste vom Catering-Personal liebevoll umsorgt werden, hat das zahlreiche Vorteile.

Green Wedding Pirates Tipp:

Gerne gesehen wird eine Kombination aus Buffet und servierten Essen. Du kannst zum Beispiel Vorspeise, Suppe und Hauptgang servieren lassen und mit einem bunten Dessertbuffets jedem Gast ermöglichen, sich an den süßen Sünden zu vergreifen. Eine Eisbar ist ein Highlight auf jedem Fest! Vor allem Kinder lieben es, wenn sie nicht nur still während der Mahlzeit sitzen bleiben müssen. Viele Caterer bieten deshalb Eis und Cremes in kleinen Gläschen in Buffetform an.

- Was wäre ein professionelles Essen nur ohne die richtigen Getränke? Wein und Wasser sollten beim Mittag- oder Abendessen immer gereicht werden. Zudem ist es sinnvoll, es jedem Gast zu ermöglichen, sein Lieblingsgetränk zu bestellen. Je nach Budget sollten diese Dinge natürlich im Vorfeld geklärt werden. Es ist durchaus üblich, dass selbst bestellte Getränke, allem voran Spirituosen, vom Gast selbst bezahlt werden müssen.

- Natürlich hängt das Angebot von Speisen stark davon ab, zu welcher Tageszeit Du zur Feier einlädst. Bei einer Hochzeit bereits zu Mittag liefert ein deftiges Essen mit Suppe und Co eine gute Grundlage. Wenn der Mittagstisch serviert wird, bietet es sich in diesem Falle an, am Abend ein vielseitiges Buffet zu bieten. Nach alter Tradition findet die Kaffee- und Kuchen-runde meist am späten Nachmittag vor dem Braut-stehlen statt. Dabei kann sich jeder Gast nochmals so richtig für den kleinen Ausflug in die Location nebenan stärken.

- Möchtest Du zum Sektempfang, meist an Steh-tischen vor der Gastwirtschaft serviert, ein paar Snacks reichen? Gerade dann, wenn die erste Mahlzeit noch ein wenig auf sich warten lässt, bietet sich das an. Bedenke, dass einige Gäste eine weite Anreise hatten. Es ist gut, wenn sie sich zum Sekt mit Knusperstangen, kleinen Schmalzbroten oder Bruschetta stärken dürfen. Höre Dir das Angebot des Caterers an.

- Eine Hochzeitsfeier ist ein lang andauerndes Fest, das eine feste Struktur der Mahlzeiten vorgibt. Ist ein Brautstehlen geplant, in dem vermutlich viel Wein getrunken wird? Damit der Alkohol nicht zu schnell ins Blut steigt, können hierzu Brotstücke gereicht werden. Achte außerdem darauf, dass bei der gesamten Feier der Alkoholkonsum nicht überhand nimmt. Schließlich sollte ein stilvolles Fest wie eine Hochzeit stets mit Würde beginnen und enden.

- Manchmal ist der Schokobrunnen, die große Eistorte mit Wunderkerzen oder die Mitternachtssuppe ein kulinarisches Highlight, an das sich die Hochzeitsgäste noch viele Jahre danach erinnern. Gerade nach einer ausgiebigen Tanz- und Partystimmung möchte sich der ein oder andere Gast nochmals einen neuen Energieschub schenken, bevor die Feier ausklingt. Gerne werden zu Mitternacht, vor dem Abschlusstanz, die Kuchen in Buffetform nochmals angeboten.

Green Wedding Pirates Tipp:

Deine Trauzeugin darf sich gerne darum kümmern, dass Gäste Kuchen mit nach Hause nehmen. Schließlich sollte man es in der heutigen Zeit so gut wie möglich vermeiden, Essen zu entsorgen. Natürlich darf Deine Trauzeugin Dich auch gerne bei zahlreichen weiteren Aufgaben unterstützen. Diese sind in meinem Partnerbuch im Detail vorgestellt.

Das sind nur Ideen, die Du beim Essen bedenken kannst. Professionelle Caterer wissen meist, was gut ankommt. Häufig wird pro Person, je nach Leistung, ein Pauschalpreis vereinbart. So kannst Du Dein Budget gut kalkulieren.

Wichtig ist, dass Du die Personenzahl kurz vor der Feier der Catering-Gesellschaft übermittelst. So kann genau nach Plan abgerechnet werden.

Zudem dient Dir jetzt folgende Checkliste, rund um die Location alle wichtigen Angelegenheiten zu klären:

Checkliste
rund um die Location

- Definiert eine Region
- Recherchiert Locations
- Vereinbart Vor-Ort Termine
- Besprecht örtliche Gegebenheiten
- Übernachtungsmöglichkeiten Vor-Ort
- Spielmöglichkeit für Kinder
- Kinderbetreuung Vor-Ort
- Caterer oder Koch Vor-Ort
- Trauung Vor-Ort möglich
- Besprecht mögliche Hausregeln
- Parkplatz vorhanden
- Gabelgeld für Hochzeitstorte
- Servicepauschale ab Mitternacht
- Patisserie Vor-Ort
- Besprecht Sitzordnung/Raumplanung
- Mögliche Tanzfläche vorhanden
- Orte für Geschenktisch/Photo Booth
- Probeessen inkludiert
- Besprich Zahlungsmöglichkeiten
- Optioniert Euren Termin
- Fixiert Eure Wunsch-Location
- Wählt Speisen & Getränke
- Besprecht Sektempfang & Co
- Lasst euch alles schriftlich Bestätigen

SONSTIGES

Green Wedding Pirates Tipp:

Wenn alles rund um die Location besprochen ist, musst Du die Leistungen mit Deinem Budget abgleichen. Bringe Tischkärtchen, Raumplanung, Deko und Co rechtzeitig zum Restaurant bzw. Saal, in dem gefeiert wird. So kann, nach genauer Angabe der Gäste, alles ideal in Deinem Sinne geplant werden.

Solltest Du nach dem Motto DIY zu Hause feiern?

Wer mit Low Budget kalkuliert, kann natürlich zu Hause feiern. Allerdings solltest Du den Aufwand dafür nicht unterschätzen. Meist lohnt sich eine Lösung in der Mitte, wenn Du mit spitzem Bleistift rechnest: Leiste mit Kuchen, Tischdeko und weiteren Details einen privaten Beitrag zu Deiner Hochzeit. Nicht jeder Sektempfang muss vom Restaurant geplant werden. Hier können zum Beispiel Familienmitglieder selbst vor dem Standesamt aktiv werden. Das spart Geld und sorgt zudem für die ganz persönliche Note.

Notizen

rund um Essen und Location

Kapitel 7

Gäste, Papeterie, Website, Deko & Co

– plane deine Hochzeit stilvoll und mit schönen Erinnerungen

FÜR DIE
FREUDEN
TRÄNEN

„Liebe ist, was dich lächeln lässt, wenn du müde bist.“

- Zitat von Coelho -

Du siehst: Eine Liebe wird Euch alle Stunden gemeinsam überstehen lassen. Ziel ist es, die Widrigkeiten im Alltag ebenso zu meistern, wie die schönsten Augenblicke gemeinsam zu feiern. Eine stilvolle Idee ist es, sich eine eigene Webseite bzw. einen Auftritt bei Instagram, Facebook und Co zu kreieren. Teile die Fotos und Ideen zum schönsten Fest in Deinem Leben mit Deinen Freunden. Sicher freut sich jeder gerne mit Dir. Wenn Du Dir zahlreiche Tipps und Inspirationen auf einer Webseite ansehen möchtest, empfehle ich Dir: greenweddingpirates.at/

In diesem Kapitel stelle ich Dir ein paar Ideen vor, die bei Deiner Hochzeit für den stimmungsvollen Rahmen einen wichtigen Beitrag leisten. Es sind die vielen Kleinigkeiten rund um Location, Dekoration, Blumenschmuck und die Koordination, die Deine Hochzeit erst zu einer gelungenen Feierlichkeit werden lassen.

Was wäre schon Deine Feier ohne Gäste?

Sie sind, neben dem Brautpaar, mit das Wichtigste: Deine Gäste! Schließlich möchtest Du den schönsten Tag in Deinem Leben mit den für Dich liebsten Menschen teilen. Die Gästeliste ist deshalb eine der ersten Dinge, die Du planen musst. Dabei solltest Du wissen, wer eingeladen wird und wer nicht. Bedenke, dass es nicht jedem ermöglicht ist, mit dem gleichen Rahmenprogramm bzw. Budget zu heiraten. Messe Dich also nicht mit Freunden oder Verwandten. Es obliegt immer noch der Entscheidung des Brautpaares, wie und unter welchen Bedingungen geheiratet wird.

Fühle Dich also nicht verpflichtet, jeden Menschen einzuladen, bei dem Du zur Hochzeit eingeladen warst.

Bitte vergesse aber auch keine Freunde, Verwandte oder Kollegen, die Dir wichtig sind. Ohnehin ist es längst üblich, beim Polterabend tendenziell Freunde, Bekannte, Vereine und Kollegen einzuladen, während die Heirat selbst im kleineren Kreise gefeiert wird. Bei der Gäste-Koordination solltest Du darauf achten, ggf. Unterkünfte mit anzubieten. Wenn die Anreise weit ist, freut sich jeder Gast über ein

Bett nach dem Fest. Stelle hierbei Pensionen, Hotels oder Privatunterkünfte als Option vor, die Gäste selbst buchen können. Diese Ideen kannst Du mit den Einladungskarten verschicken oder auf deiner Hochzeits-Website zur verfügung stellen. Manchmal helfen auch Freunde oder Eltern aus, günstige Übernachtungsmöglichkeiten zu bieten. Wenn Kinder zusätzliche Betreuung benötigen, solltest Du ebenso daran denken. Für die kleinen Gäste kannst Du kleine Malbücher oder eine Spielecke vorbereiten lassen. Sehe Dich in der jeweiligen Location um, welche Mög-lichkeiten bereits gegeben sind.

Green Wedding Pirates Tipp:

Viele Lokalitäten bieten sowohl Innen- als auch Außenbereiche an, in denen gefeiert werden kann. Gerade zur Frühlings-, Herbst- und Sommerzeit ist es schön, den Sektempfang draußen zu gestalten. Doch auch Kinder fühlen sich mit einem Kinderspielplatz, der dem Restaurant gehört, mehr als wohl. Je wohler sich Deine Gäste fühlen, desto besser! Es sind die kleinen Dinge im Alltag, die den Gästen, egal, wie das Wetter am Hochzeitstag auch ausfallen mag, in Erinnerung bleiben.

Checkliste
rund um Eure Gäste

- [ ] Erstellt die erste grobe Gästeliste
- [ ] Definiert finale Gästeliste
- [ ] Versendet das Save-the-Date
- [ ] Versendet Eure Hochzeitseinladung
- [ ] Bei Bedarf Kinderbetreuung buchen
- [ ] Überprüft die Zu- und Absagen
- [ ] Klärt Übernachtungsmöglichkeiten
- [ ] Klärt Lebensmittelunverträglichkeiten
- [ ] Bereitet Gastgeschenke vor
- [ ] Legt die Sitzordnung fest
- [ ] Versendet Dankeskarten
- [ ]
- [ ]
- [ ]
- [ ]
- [ ]
- [ ]
- [ ]
- [ ]
- [ ]
- [ ]
- [ ]
- [ ]
- [ ]

SONSTIGES

Wenn Du Deine Gästeliste geplant hast, geht es darum, frühzeitig Einladungen zu verschicken. DIY liegt ganz im Trend der Zeit. Auch witzige Einladungen, die selbst in Form eines Mini-Glas-Fläschchens mit Sand oder mit einfachen Bändern gebastelt werden, sind wunderschöne Erinnerungsstücke. Es gibt sogar Paare, die überbringen selbst ihre Einladungen mit kleinen Geschenken verteilen. Erlaubt ist alles, was Deinen zeitlichen Rahmen bzw. das Budget nicht sprengt. Auf alle Fälle solltest Du stilvolles Papier für Deine Einladungen verwenden. Wer eigene Fotos oder wunderschöne Sprüche in die Karten mit einbaut, sorgt für eine individuelle Note.

Bestelle bei einer Papeterie schönes Papier und werde selbst aktiv. Papier ist, wie schöne Schnüre, Fotos, Steine und weitere Utensilien ein wichtiges Material, mit dem Du Einladungen selbst basteln kannst. Hand-geschöpftes Büttenpapier ist zwar nicht gerade billig, dafür aber umso schöner. Wer weiß, dass die Hochzeitseinladung vielleicht ein paar Monate an der Pinnwand oder am Kühlschrank haftet, sollte die Bedeutung dieses Stück Papiers niemals vernachlässigen. Nachhaltige Einladungen, Tisch- und Dankeskarten liegen voll und ganz im Trend der Zeit.

Achte hierbei, dass Du, wenn Du selbst bastelst, Dich nicht überforderst. Es bedeutet schon einen erheblichen Zeiteinsatz, dass Du alles schaffst, was Du Dir vornimmst. Lasse, gerade in der stressigen Zeit bei allen Hochzeitsvorbereitungen, auch einmal die Seele baumeln. Sicher helfen Dir, wenn Du viele Dinge nach dem Motto DIY planst, Freunde, Mitglieder der Familie oder die Trauzeugin dabei, einige organisatorische Dinge zu übernehmen.

Wichtig ist, dass Du Einladungen rechtzeitig verschickst. Viele Menschen sind heute sehr beschäftigt. Je besser Termine koordiniert werden, desto leichter fällt Dir auch die weitere Planung. Das spart Zeit und Geld. Nach genauer Zusage (am besten einen Termin vorgeben) kannst Du die Tische und die Raumplanung in der Location angehen. Wer Tischkarten plant, sollte diese zusammen mit der Raumplanung im Lokal abgeben. Eine Papeterie liefert außerdem das richtige Handwerkszeug für Getränke- oder Menükarten sowie das Gesangs-Blatt in der Kirche. Schreibe Dir, wenn Du das „Drumherum“ planst, alles auf, was Du im Sinne von DIY selbst organisieren möchtest. Stilvolles Papier ist eine wunderbare Eintrittskarte für eine stimmungsvolle Hochzeit. Es kommt eben doch auf die kleinen, liebevolle Details an...

Übrigens:

Viele Dinge kannst Du ausleihen. Das entspricht ganz dem Thema der Nachhaltigkeit. So können Vasen, Kinderspielsachen, Gläser oder Geschirr und vieles mehr preiswert eingesetzt werden.

Green Wedding Pirates Tipp:

Bei der Tischordnung ist es üblich, dass nur die nächsten Angehörigen, Brauteltern, Trauzeugen sowie Geschwister am Brauttisch sitzen. Ansonsten darfst Du es Deinem Gefühl überlassen, wer bei wem am Tisch sitzen darf. Ohnehin ist es in lockerer Runde geplant, dass sich irgendwann die Hochzeitsgesellschaft bunt mischt. Jeder sollte jeden kennenlernen – deshalb sind witzige Spiele und die Tanzfläche zentrale Angebote, die genutzt werden sollten. Die Band, der DJ oder der Solo-Entertainer sind mit dafür verantwortlich, dass ein berauschendes Rahmenprogramm zustande kommt.

Blumen und weitere Dekoration

Damit für ein wunderschönes Ambiente gesorgt ist, kommt es auf Blumen, Vasen, Tischservietten, Stuhlhussen, Tischbänder, Kerzen und vieles mehr an. Sorge dafür, dass Du Dir rechtzeitig bei Pinterest oder auf unserer Webseite greenweddingpirates.at/ schöne Bilder betrachtest, die Dich inspirieren. Dadurch sammelst Du nicht nur eigene Ideen für Deine Feier, sondern kannst auch Möglichkeiten finden, die Du wirklich brauchst. Spreche mit der Location ab, was vorhanden ist. Manch gutes Restaurant bietet Blumen-schmuck bei Hochzeiten automatisch an. Auch elegante Tischservietten sind oft in einem Pauschalpreis für die Hochzeit mit eingerechnet. Es gilt, mit Liebe, Zeit und dem Blick fürs Detail alles rund um die Dekoration zu planen. Zu welcher Jahreszeit findet die Hochzeit statt? Im Sommer sind Frischblumen oft preiswerter als im Winter. Rosen aus dem eigenen Garten können dazu beitragen, dass das Ambiente am Tisch mit Rosen-blättern besonders liebevoll wirkt. Du als Braut hast sicher das richtige Händchen dafür, was Dir bei der eigenen Feier wichtig ist. Brauteltern oder Freunde helfen sicher gern, Blumengestecke, Brautsträußchen fürs Auto oder als Anstecker für die Gäste zu binden. All das kostet aber Zeit. In schönen Bastelabenden darfst Du, im Sinne von DIY, wunderschöne Utensilien selbst basteln. Das ist zwar mit Arbeit verbunden, macht aber auch jede Menge Spaß. Warum solltest Du bei einem lustigen Mädelsabend mit Deiner Trauzeugin und ein paar Freundinnen nicht aus Samtbändern, Perlen, Zweigen oder Blümchen einzigartige, kleine Gastgeschenke basteln? Das sorgt nicht nur für ein geselliges Miteinander, sondern kann ein Freundschaftsband auch enger zusammenbinden. Wenn sich Freundinnen gern untereinander helfen, entsteht durch den Synergie-Effekt eine ganz besondere Nähe. Also: Ganz nach dem Motto der Nachhaltigkeit ist es sinnvoll, nicht nur bei der Kneipentour oder dem Kinoabend die Freundschaft zu fördern. Eine Hand hilft der anderen – gemeinsam ist man stärker und fleißiger, als man denkt!

„Ohne Arbeit kein Genuss, keine Arbeit ohne Genuss.“

- Zitat von August Bebel -

Gerade bei der Deko kannst Du viele Dinge beisteuern, die ein wenig Zeit und Mühe kosten, aber Geld sparen. Dennoch leisten sie einen wichtigen Beitrag zu einer traditionellen und dennoch sehr modernen Hochzeit. Kreiere selbst liebevolle Accessoires, die nicht im Papierkorb landen!

Notizen
rund um Dekoration & DIY

- [ ] Wählt einen Grafiker oder Onlineshop
- [ ] Definiert das Design
- [ ] Recherchiert gewünschte Texte
- [ ] Bestellt Save-the-Date Karten
- [ ] Bestellt Hochzeitseinladung
- [ ] Bestellt Kirchen-/Programmheft
- [ ] Bestellt Sitzplan
- [ ] Bestellt Tisch- und Namenskarten
- [ ] Bestellt Menükarten
- [ ] Bestellt Dankeskarten
- [ ] Erstellt eine Hochzeits-Website
- [ ] Besprecht Dekoration & Blumenschmuck
- [ ] Bestellt Brautstrauß & Co

SONSTIGES

Notizen
für Floristin & Co

Checkliste

für Foto- / Videograf & Musik

- [ ] Besprecht Eure Vorstellungen & Stil
- [ ] Fragt bei Euren Favoriten an
- [ ] Vereinbart ein persönliches Treffen
- [ ] Fragt um ein Engagement Shooting
- [ ] Fixiert Euren Favorit
- [ ] Besprecht den Tagesablauf & Wünsche
- [ ] DJ, Band und/oder Solokünstler
- [ ] Vereinbart einen persönlichen Termin
- [ ] Fragt um Hörproben
- [ ] Definiert Eure Musikrichtung
- [ ] Wählt Euren Song für den Hochzeitstanz
- [ ] Fixiert DJ/Band/Solokünstler
- [ ] Besprecht den Tagesablauf & Equipment
- [ ] Notiert Lieder No-Go's
- [ ]
- [ ]
- [ ]
- [ ]
- [ ]
- [ ]
- [ ]
- [ ]
- [ ]
- [ ]

SONSTIGES

Kapitel 8

Gastgeschenke und Geschenkwünsche

– liebevolle Details und Co!

Wer möchte nicht als Gast auf einer Hochzeit ein kleines Präsent mit nach Hause nehmen? Es gibt liebevolle Details, die wenig Geld kosten, aber dennoch den entscheidenden Unterschied ausmachen.

Wenn Du zum Beispiel kleine Tischkärtchen bastelst, an denen mit Holzklammern Süßigkeiten angeheftet sind, freut sich jeder über diesen Willkommensgruß. Du kannst Gummibärchen mit den Namen des Brautpaares bestellen oder Schokolade in Herzform mit dem Foto des Brautpaares bedrucken lassen. Derartige Geschenke werden ganz sicher nicht ohne Sinn und Verstand aufgegessen.

Was spricht dagegen, mit schönen Fotos vom Brautpaar eine Flasche Prosecco oder Piccolo bedrucken zu lassen? Wenn kleine Ratespiele mit Gewinnen belohnt werden, sind dies wunderschöne Geschenke, die Sieger zu prämieren. Bei gutem Entertainment, das mit Fragen rund ums Brautpaar zu tun hat, gibt es viele Optionen, individuelle Geschenke an die Gäste weiterzugeben. Ein Foto vom Brautpaar kann sogar auf Stoffservietten aufgebügelt werden. Allerdings musst Du Dir genau überlegen, wieviel Arbeit Du Dir selbst machen möchtest. Auch, wenn Du Dich als Braut zur Powerfrau gekürt fühlst: Achte auf Dich und Deine innere Ruhe. Nichts ist unnützer, als zu viel Stress und Unruhe vor Deinem großen Ehrentag.

Der Geschenketisch

Unter diesem Begriff ist nicht nur der Tisch, auf dem die Geschenke gesammelt werden, gemeint.

Was ist in Bezug auf die Geschenke von den Gästen fürs frischgebackene Ehepaar wichtig?

Im virtuellen Geschenktisch kannst Du Dir als Braut eine Liste zusammenstellen. In einem Link wirst Du Deinen Gästen damit eine Idee liefern, unter welchen Geschenken sie sich etwas aussuchen können. Hier kannst Du einen Tisch im Internet einrichten lassen. Diesen bestückst Du mit allen Utensilien, über die Du Dich wirklich freust. Auch in einem Kaufhaus ist es immer noch beliebt, mit einem realen Geschenketisch zu arbeiten. Der Vorteil besteht darin, dass auf dem Tisch genau die Dinge stehen, die Du Dir im Vorfeld schon ausgesucht hast. Der Shop nimmt Dir jede Menge an Arbeit ab und der Schenkende kann das Präsent einpacken und zum Paar liefern lassen. Manche ältere Menschen möchten schließlich etwas persönliches verschenken. Hier kannst Du einen Tisch im Internet einrichten lassen. So wird es zu keine unnützen Geschenken kommen, die mehr für mehr Frust als für Freude sorgen.

Wie sieht es mit Geldgeschenken aus?

Wie schon erwähnt, lassen sich die meisten Paare gerne Bargeld schenken. Je nach Budget der Gäste bezahlt jeder als Mindestmaß den Beitrag für Kost, Unterhaltung und alles, wovon er persönlich profitiert. Ein großes Menü mit Kaffee und Kuchen kostet Geld. Dieser Beitrag ist meist der, der jeder Gast als Minimum zu Eurem Fest beisteuert. Allerdings will kein Brautpaar mit dem „zu spitzen Bleistift“ rechnen. Eine Trauung ist schließlich einen Herzens-Angelegenheit. Es steht sicher nicht im Vordergrund, wie viele Euros Du bei den Feierlichkeiten einnehmen wirst. Dennoch ist es bei der Budgetplanung wichtig, dass Du nicht überdimensional kalkulierst. Deshalb darfst Du auf der Einladungskarte den

Geschenke-Wunsch vermerken, mit dem Ihr als Paar gut leben könnt.

Schenken macht Freude! Denke daran, dass das auch für Deine Gäste gilt. Je mehr inspirierende Ideen Du ihnen lieferst, desto besser. Auch Beiträge zu den kulinarischen Genüssen lieben viele Brautpaare.

Notizen

zu Geschenkwünschen & Gastgeschenken

Kapitel 9

Euer Hochzeitstag

– so wird er zum schönsten Tag Eures Lebens!

Für Euren großen Tag ist es wichtig, eine Tabelle mit allen stattfindenden Terminen zu erstellen. Hier kannst Du, sobald alles in trockenen Tüchern ist, alles wichtige eintragen.

Tausche diese Tabelle mit Deiner Trauzeugin aus, damit der gesamte Tagesablauf ordnungsgemäß strukturiert ist:

Wedding Timetable

UHRZEIT	WAS?	WO?	WER?

UHRZEIT	WAS?	WO?	WER?

„Für das Können gibt es nur einen Beweis, das Tun.“

- Zitat von Marie von Ebner-Eschenbach -

Jetzt geht es um den ganz großen Moment: Eure Hochzeit! Vor dem großen Tag solltest Du Dich, nach bester Möglichkeit, entspannen. Idealerweise stößt Du mit Deinem Schatz nochmals auf Euer gemeinsames, großes Vorhaben in trauter Zweisamkeit an. Besiegelt Eure Ehe, bevor alle Gäste mitfeiern, nochmals in einem ganz persönlichen Rahmen.

Was ist, wenn die Aufregung vor dem großen Tag zu groß ist, dass Du kaum schlafen kannst? Süßigkeiten, Alkohol und Co sind kein guter Rat, um Deine Nervosität zu überspielen. Mit diesen kurzfristigen "Fluchtmitteln“ wirst Du vermutlich Pickel und Mitesser auf Deiner Haut sprießen sehen. Was ist besser? Gönnt Euch als Paar entspannende Musik, einen Wellness-Abend im Bad zu zweit und leckeren Kräutertee. Das hilft, zur Ruhe zu kommen. Sorge außerdem kurz vor der Hochzeit für den letzten Feinschliff in Deinem Beauty-Programm. Dazu gehören saubere Nägel, frisch rasierte Körperstellen und ein absolute, gepflegtes Erscheinungsbild. Wenn Du Deine

Fingernägel selbst lackierst, solltest Du das erst am Tag der Hochzeit machen. Zudem ist ein Fläschchen Nagellack in den SOS-Notfallkoffer (diesen packt Deine Trauzeugin für Dich) mitzunehmen. Gerne kannst Du ihr letzte Details dazu per Chat (zB. WhatsApp) mitteilen. Das vermittelt Dir ein gutes Gefühl.

Wenn der große Hochzeitstag anbricht, ist nach der Dusche sicher kaum Zeit zum Nachdenken. Versuche dennoch, jeden einzelnen Moment zu genießen. Begrüße alle Gäste und zeige Dich von Deiner besten Seite. Lächle nicht nur vor dem Videografen. Zeige Deinem Schatz, dass Deine Liebe aus tiefstem Herzen kommt.

Die Musik ist nicht nur beim Brautstehlen wichtig. Sicher hast Du im Vorfeld mit dem DJ bzw. der Liveband alles abgesprochen, was rund um Brautwalzer, dem Tanzgeschmack der Gäste und beim Abschlusstanz wichtig ist. Dazu solltest Du im Vorfeld eine Liederwunschliste abgeben. Außerdem sind die absoluten No Go's zu benennen. Je mehr Du vorbereitet bist, desto geschmackvoller die Musik am Feste.

In der Wedding Timeline (Kapitel 11) steht der Live-Musiker mit an erster Stelle, was Du organisieren darfst. Neben dem Chor und dem individuellen Trauungsgesang ist Musik schließlich das, was die Emotionen erobert. Was wäre nur ein Hochzeits-Alltag ohne Musik?

Alles, was beim Brautstehlen im Sinne von Dir und Deinem Bräutigam stattfinden darf, hast Du sicher schon im Vorfeld mit Deiner Trauzeugin besprochen. Sie ist dazu aufgefordert, die Gäste zu umsorgen und darauf zu achten, dass nichts aus dem Rahmen fällt. Wichtige Tipps rund um Spiele bzw. Einlagen und dem Brautstehlen findest Du im Partnerbuch „Plötzlich Trauzeugin". Dieses kleine Buch dient als Nachschlagewerk ggf. nicht nur für die Trauzeugin. Du als Braut bist Hauptperson. Wenn es ums Werfen des Brautstraußes, das Versteigern von Brautschuh oder andere Traditionen geht, solltest Du mit Freude und Elan bei der Sache sein: Genieße, dass Du gefeiert wirst. Alle organisatorischen Dinge werden Dir, mit einer agilen Trauzeugin an Deiner Seite, sicherlich abgenommen.

Green Wedding Pirates Tipp:

Achte bitte darauf, stets im Blickkontakt mit der Trauzeugin zu bleiben. Sie ist dafür zuständig, Dir Signale auszusenden, wenn das Make-up erneuert oder die Frisur frisch gestylt werden sollte. Sie begleitet Dich beim Gang zur Toilette. Zudem hat Sie das Notfall-Köfferchen für alle Fälle mit dabei. Darin befinden sich von Schmerztabletten, Blasenpflaster, Deo, Haarspray, Klebstoff über Handcreme, Lippenpflegestifte bis hin über Tampons oder Ersatzschuhen und Strumpfhosen alles, was wichtig ist. Überlasse Deiner Trauzeugin das, was rund um die Organisation des Festes wichtig ist. Du als Braut solltest das Fest genießen. Lass Dich feiern. Achtet als Paar darauf, alle Gäste zum Tanz aufzufordern und mit ihnen ein paar persönliche Worte zu wechseln. Geselle Dich unter Deine Hochzeitsgäste. Zeige, dass Du mit ihnen Dein großes Glück teilen möchtest!

Wenn sich der Tag langsam zu Ende neigt, sind die großen, emotionalsten Momente schon vorbei. Das ein oder andere Mal sind Freudentränen geflossen. Das ist auch richtig so. Egal, ob die Tauben steigen oder Dich der Trauungsspruch tief in Deiner Seele gerührt hat: Diese

Momente wirst Du nie vergessen! Es ist normal, wenn Du am Abend den Abschiedstanz in der großen Runde vielleicht ein wenig ferngesteuert oder mit tiefsten Gefühlen genießt. Wenn jetzt die Tränen bei rührender Musik fließen, lass ihnen freien Lauf. Es ist ein Zeichen Deiner Liebe. Dies gilt übrigens für den Bräutigam und alle Gäste gleichermaßen. Die Menschen sind erst dadurch Mensch, in dem sie Emotionen zeigen.

Am Ende des Festes sollte Dich Dein Liebster über die Türschwelle tragen. Das ist nach alter Tradition, ein Schutz, die Braut vor bösen Geistern zu bewahren.

Wenn Du möchtest, darfst Du all diese Momente noch vom Videografen festhalten lassen, bevor ihr euch in die Hochzeitsnacht verabschiedet....

Kapitel 10

Flitterwochen

– und der Morgen danach!

Was ist am Tag nach der Hochzeit? Jetzt geht es darum, Geschenke zu sortieren und die innigsten Momente erst einmal zu verarbeiten. Gönne Dir mit Deinem Liebsten eine kleine Auszeit. Verabschiede die Übernachtungsgäste. Lade ggf. zu einem gemeinsamen Frühstück ein. Sicher gibt es wieder jede Menge Helfer, damit Du die größte Arbeit auslagern kannst. Bei allen organisatorischen Angelegenheiten solltest Du die Namensänderung bei allen Behörden veranlassen. Gebe außerdem geliehene Gegenstände zurück. Über ein kleines Geschenk als Aufmerksamkeit freuen sich bestimmt alle Freunde, die Dir gratis Gläser, Vasen und Co geborgt haben.

Wenn Flitterwochen geplant sind, solltest Du bei Namensänderung die richtigen Dokumente parat haben. Bei Flugreisen reichen oft noch der alte Personalausweis und die Heiratsurkunde. Rund um den „Honeymoon“ hat jeder Verständnis, dass noch nicht alle Dokumente an Ort und Stelle sind.

Frau und Mann – im Band der Ehe

Spätestens nach den Flitterwochen musst Du alle Rechnungen bezahlen und darfst Dankeskarten verschicken. Teile alle aufregenden Bilder mit Freunden und schneide Dir aus den Videos einen wunderschönen Hochzeitsfilm zusammen. Es gibt sehr gute Software, mit der Du mit passender Musik und den richtig eingeblendeten Worten Deinen persönlichen Film ganz nach Deinen Vorstellungen gestalten kannst. Oder hast kannst du das vielleicht an den Videografen abgeben? Frag einfach nach, ich bin mir sicher, dass er hier das passende Angebot findet. Denn das sind Erinnerungen, die fürs Leben bleiben!

Außerdem kannst Du den Brautstrauß trocknen und ihn mit Haarspray fixieren. So bleibt er für einige Jahre erhalten. Auf Pinterest findet man auch weitere nette Ideen für die Brautstrauß-Aufbewahrung zB. Ketten, Ringe oder Bilderrahmen. Bringe Anzug und Kleid zur Reinigung und bewahre sie gut verpackt auf. Wer möchte, kann im Sinne der Nachhaltigkeit diese Kleidung an andere verleihen oder verkaufen.

Teile Dein Glück weiterhin mit Kollegen und stelle die emotionalsten Momente auf Deine Webseite oder Instagram. Geteiltes Glück verdoppelt sich.

Nicht zuletzt gilt es als Ehepaar, die Zeiten der Höhen und Tiefen gemeinsam zu meistern. Halte Dein Eheversprechen. Nimm es ernst, was vor dem Traualtar besiegelt wurde. Es sind die Krisenzeiten, die stark machen und die Glücksmomente, die sich vervielfachen, wenn Du sie mit Deinem Liebsten teilst.

Notizen

zu wichtigen Terminen nach der Hochzeit

Kapitel 11

Wedding Timeline

– die wichtigsten Termine auf einen Blick!

„Success is going from failure without losing enthusiasm.“

- Zitat von Sir Winston Churchill -

Übersetzung: „Erfolg geht vom Scheitern aus, ohne die Begeisterung zu verlieren!“ Denke daran: Niemand ist perfekt. Selbst wenn einige Dinge bei Deiner Hochzeit nicht funktionieren, ist das kein Beinbruch. Es sind die kleinen Widrigkeiten, die niemandem auffallen, die das Fest jedoch zu einem ganz besonderen, zu EUREM, Feste gestalten!

Abschließend stelle ich Dir im Timeline zusammen, nach welcher Struktur Du vor der Hochzeit schon die wichtigsten Angelegenheiten klären kannst. Diese Tabelle darf von Dir individuell nach Deinen persönlichen Wünschen bestückt werden. Je nach Deinen Wünschen und persönlichen Vorlieben ist in diesen Notizen alles erlaubt, was zu Euch als Brautpaar passt.

Green Wedding Pirates Tipp:

Je mehr Du aufschreibst, desto besser! Damit stehen die Chancen gut, dass Du keine wichtigen Aufgaben vergisst. Egal ob Brautstrauß, Bestellung der Hochzeitstorte, die Auswahl des richtigen DJ´s oder alles rund ums Catering: Es ist besser, Du schreibst Dir am Anfang zu viel auf als zu wenig.

Termine

vor der Hochzeit:

12 Monate:

Plane mit Deinem Schatz, wie genau Du feiern möchtest. Was sind die Do's und Dont`s? Werde Dir mit Deinem Bräutigam über Budget und die Art der Feier einig. Möchtet Ihr die standesamtliche, kirchliche oder freie Trauung wählen? Wer soll für welches Event auf die Gästeliste? Sorge dafür, dass die sehr vertrauten Familienmitglieder über die Hochzeit als erste informiert werden. Frage Deine Trauzeugin, ob sie diese Ehrenaufgabe übernehmen möchte. Schenke ihr dazu das Partnerbuch „Plötzlich Trauzeugin“.

12 - 6 Monate:

Buche Musiker, Location, Chor, Solo-Künstler, Hochzeitskutsche, Pfarrer und bespreche alle wichtigen Dinge mit den betreffenden Personen. Ca. 6 Monate vor dem Termin kannst Du beim Standesamt nähere Details erfahren. Bestelle bei der Papeterie Einladungskarten und verschicke diese mit Antwortmöglichkeit an Deine Gäste. Hier können diese Personenzahl bzw. die Buchung einer Übernachtung auswählen. Suche die Trauringe aus und kümmere Dich um weitere Vorbereitungen wie Blumenkinder, Brautjungfern und vieles mehr.

Am besten ist es, Du erkundigst Dich etwas zu früh als zu spät. Ggf. kannst Du Dir weitere Gespräche auf Termin legen, um näheres festzulegen. Gerne darfst Du ein Probeessen, das Probeshooting beim Fotografen und vieles mehr schon jetzt in Deinen Planungen berücksichtigen.

6-5 Monate:

Spätestens jetzt solltest Du Dich ums richtige Outfit kümmern. Sorge dafür, dass alle Accessoires zum Look passen. Achte ab dieser Zeit auf Deine optische Erscheinung und darauf, dass Du weder stark zu- oder abnimmst. Schließlich muss das Kleid auch noch am Hochzeitstag perfekt sitzen.

5-4 Monate:

Jetzt kannst Du weitere Details rund um Polterabend, JGA, Probestyling, geplanten Künstlern und Co be-sprechen. Da kurz vor der Hochzeit vermutlich Urlaube oder Krankheiten dazwischen kommen können, zählt auch hier: Vorsicht ist besser als Nachsicht. Erste Gastgeschenke kannst Du jetzt schon bestellen. Zudem ist alles rund ums Budget im Auge zu behalten. Liegt Ihr mit allen Ausgaben noch im Rahmen? Gehe alle Kostenvoranschläge und Rechnungen nochmals durch. Kümmere Dich um einen Geschenketisch (virtuell) und sammle Ideen auf der Webseite greenweddingpirates.at bzw. Pinterest.

Bleibe zudem schon jetzt im regen Austausch mit Deiner Trauzeugin und natürlich dem Bräutigam. Green Wedding Pirates Tipp: Suche immer wieder das Gespräch mit Deinem Liebsten: Sitzt sein Outfit? Können die Trauzeugen bei weiteren Aufgaben unterstützen?

3-1 Monate:

Bastle nach dem Motto DIY alles, was für die Feier wichtig ist. Bespreche mit der Trauzeugin, was sie in den SOS-Notfallkoffer packen darf. Probiere nochmals das Kleid an und lasse den letzten Feinschliff vornehmen. Achte auf Dein ganz persönliches „Feeling good!“

4-3 Wochen:

Jetzt muss spätestens das Probestyling stattfinden. Spreche mit der Trauzeugin die Feier mit der festgelegten Tabelle durch und sorge dafür, dass an Polterabend, JGA und beim Fest alles gutgeht. Überfordere Dich nicht und gönne Dir ab und an einen Wellness-Tag, damit Du cool bleibst. Organisiere außerdem letzte Details mit Musiker, Chor, Catering, Location und Co.

2-1 Wochen:

Welche Rückmeldungen der Gäste fehlen noch? Sind alle Übernachtungsmöglichkeiten gebucht? Was ist an Fragen noch offen? Gehe nochmals Deine Checkliste durch, an welchen Punkten noch Klärungsbedarf besteht. Jetzt geht es darum, das Nagelstudio aufzusuchen, ggf. mit Hilfe eines Solariums oder dem Selbstbräuner für die richtige Sommerbräune zu sorgen und die Brautschuhe einzulaufen. Achte außerdem, dass Dein Hautbild klar bleibt, Du Stress vermeidest und mit Spaziergängen, Sport und Mediationen für Dein inneres Gleichgewicht sorgst. Gebe letzte Aufgaben, die Dir über den Kopf wachsen, an Familienmitglieder oder Deine Trauzeugin ab. Kümmere Dich um letzte Kleinigkeiten der Frischblumen und achte darauf, dass Du Tischkarten und Raumplanung bei der gebuchten Location abgibst. Sehe nach der Wettervorhersage am Trauungstag und treffe dazu die richtigen Vorbereitungen. Je nach Wetter kannst Du letzte Feinheiten mit Video- oder Fotografen sowie Deinen Angehörigen (und Deiner Trauzeugin) besprechen.

1 Tag vor der Hochzeit:

Bereite Dein Hochzeitsoutfit vor oder verstaue es transportsicher. Vergewissere das alle Papiere und die Eheringe eingepackt sind und entspanne Dich, denn morgen ist Dein großer Tag.

1 Tag nach der Hochzeit:

Genieße den ersten Tag als frisch gebackene Ehefrau. Trage Deinen Ring mit Würde und verabschiede alle Übernachtungsgäste. Plane erst im Anschluss die Nachbereitung rund um die Hochzeit, wie im vorherigen Kapitel dargestellt.

Schon jetzt wünsche ich Dir: Genieße jeden Augen-blick, der mit Deiner Hochzeit in Verbindung steht!

Fazit

Glückwunsch zu den ersten Tagen und Wochen als Ehefrau! Jetzt geht es darum, mit deinem Bräutigam einen Alltag zu planen. Sehe Dir, im Zeichen der Liebe, sooft es geht die Hochzeitsfotos an. Genieße jeden Moment eurer besonderen Liebe. Lasse andere von Deinen Freunden bei der Hochzeit teilhaben und teile sie auch nach dem großen Tag vom „Ja".

Feiere jeden Hochzeitstag so, wie es sich gehört: mit Liebe, Würde, Achtung und Respekt! Ohnehin hat ein Ehepaar keine Eile im Leben. Eine Liebe ist unvergänglich. Sie endet niemals und kann immer wieder neu sortiert werden, wenn Dinge aus der Struktur geraten. Spreche mit Deiner Trauzeugin weiterhin, wie es Dir in Sachen Liebe geht. Gehe mit Deinem Ehemann respektvoll, ehrlich und im tiefen Vertrauen um. Auch nach der Hochzeit darf eine Liebe noch wachsen. Für Deine Hochzeit wünsche ich Dir: Viel Spaß und Erfolg bei allem, was Du vorhast. Halte die schönsten Bilder fest. Freue Dich an weiteren Hochzeitsfeiern, an denen Du als Gast teilhaben darfst. So steht einer glorreichen Zukunft nichts mehr im Wege. Ganz im Sinne der chinesischen Volksweisheit wünsche ich Dir und Deinem Bräutigam von tiefstem Herzen: alles Gute!

„Der Weise kennt keine Hast, und der Hastende ist nicht weise.“

Ihr schafft alles, was Ihr euch wünscht! Feiert jeden Glückstag gemeinsam und nehmt Euch stets, auch wenn Ihr das erste Kinderzimmer einrichtet, viel Zeit für die Zweisamkeit. Eine Liebe bedeutet, immer wachsam zu sein. Richtet als Paar stets ein Auge der Fürsorge auf den Partner. Liebe engt nicht ein. Liebe lässt Freiraum zu. Liebe verletzt nicht. Liebe ist nachhaltig. Liebe erstickt nicht. Liebe hört niemals auf...

Zum Abschluss haben wir Dir noch alles rund um die Green Wedding Pirates verlinkt, damit du auch uns noch besser kennenlernen kannst.

Wir freuen uns sehr wenn Dich dieser Ratgeber unterstützt hat und würden uns auch über Deine positive Rezession sehr freuen. Solltest du Anregungen, Verbesserungsvorschläge haben oder einfach nur gerne mit uns in Kontakt treten wollen dann schreib uns doch einfach ein Mail an: office@greenweddingpirates.at

Pinterest: pinterest.at/greenweddingpirates/

Instagram: instagram.com/greenweddingpirates/

Blog: greenweddingpirates.at/

Über uns: greenweddingpirates.at/thepirates/

Weitere Bücher die dich vielleicht interessieren könnten inklusive Werbelinks:

Sprichst du Hochzeit -
50 Begriffe rund ums Heiraten
https://amzn.to/3edR3it

„Plötzlich Trauzeugin“
Der Trauzeuginnen Ratgeber
https://amzn.to/2TGZh94

Bucket List für Ehepaare
101 Dinge, die Ihr nach
der Hochzeit einmal getan
haben müsst
https://amzn.to/38lG7ge

Hochzeits-Doppelband
Hochzeitsplaner & Ratgeber
https://amzn.to/35QsFAC

Bucket List für Verlobte
99 Dinge, die ein Paar vor der Hochzeit zusammen erlebt haben muss
https://amzn.to/2V3QKOu

Haftungsausschluss

Der Inhalt dieses Buches wurde mit großer Sorgfalt geprüft und erstellt. Für die Vollständigkeit, Richtigkeit und Aktualität der Inhalte kann jedoch keine Garantie oder Gewähr übernommen werden. Der Inhalt dieses Buches repräsentiert die persönliche Erfahrung und Meinung des Autors und dient ausschließlich dem Unterhaltungszweck. Es kann daher keine juristische Verantwortung oder Garantie für den Erfolg der genannten Tipps und Ratschläge übernommen werden. Der Autor übernimmt keine Verantwortung für das Nicht-Erreichen der im Buch beschriebenen Ziele. Dieses Buch enthält Links zu anderen Webseiten. Auf den Inhalt dieser Webseiten hat der Autor keinen Einfluss. Deshalb kann für diesen Inhalt auch keine Gewähr übernommen werden. Für die Inhalte der verlinkten Seiten ist der jeweilige Anbieter oder Betreiber der Seiten verantwortlich. Rechtswidrige Inhalte konnten zum Zeitpunkt der Verlinkung nicht festgestellt werden.

Impressum

Hochzeitsplaner & Ratgeber „Brautgeflüster“

ISBN: 9798655540002

1. Auflage

Kontakt: Michaela KIENLE, Possingergasse 59-61,
AT-1160 Wien

Printed in Poland
by Amazon Fulfillment
Poland Sp. z o.o., Wrocław

87314860R10087